Cécile Bertin

Journaliste et mère de famille de quatre enfants, Cécile Bertin n'était absolument pas sportive, jusqu'au jour où elle s'est lancé le défi qui allait changer sa vie : courir un marathon… Elle est aujourd'hui rédactrice en chef du magazine *Running pour elles*.

COURS TOUJOURS !

CÉCILE BERTIN

COURS TOUJOURS !

CHRONIQUES DE RUNNING

ÉDITIONS DU TRÉSOR

ISBN : 978-266-2-30551-8
Dépôt légal : septembre 2020

À Alexandre, Emma, Thomas et Paul Aimé,
mes précieux.

À toi, Guillaume,
qui ne m'a jamais dit que c'était impossible
et qui m'a soutenue, envers et contre tout,
dans mes folies.

QUI SUIS-JE, OÙ VAIS-JE ET DANS QUEL ÉTAT J'ERRE ?

On me demande souvent qui je suis. Je me considère avant tout comme la mère de quatre beaux enfants qui font ma fierté. Mais être mère de famille dite « nombreuse » est autant une surprise pour moi que d'être devenue sportive à l'âge adulte. Ma meilleure amie d'enfance (pensionnaire comme moi chez les sœurs, ça crée des liens croyez-moi !) m'a avoué un jour que pour le groupe que nous formions à l'époque, j'étais celle que toutes voyaient vivre seule, en vieille fille, pas du tout aigrie, mais voyageuse, sûrement journaliste de guerre… D'ailleurs je ne sais pas comment tout est parti en cacahuète, mais je suis devenue mère à la fac (et pas par accident !), emmenant mon fiston en cours, donnant le biberon de la main gauche en prenant des notes de la main droite. Je le confiais au secrétariat le temps de mes examens et j'ai même dû passer un oral avec lui ! J'étudiais l'histoire et, si la vie ne m'avait pas obligée à la gagner trop tôt, je serais sûrement en ce moment planquée au fin fond d'une bibliothèque de France ou de Navarre en train de ranger les étagères. Il n'y a qu'un point où mes copines ont eu bon, c'est que je suis finalement bien devenue journaliste après une carrière que beaucoup qualifieraient d'agitée.

Jusqu'à il y a treize ans, le sport ne faisait absolument pas partie de ma vie… mais à un point, si vous saviez… Enfin si, comme toute petite fille de bonne famille bourgeoise de province, j'ai fait de la danse classique. Il est apparu très vite que je n'avais aucun don pour cette discipline. Il y a une autre information importante à connaître pour bien comprendre ce qui va suivre : mon dos est tordu. Mon surnom c'est « la tour de Pise », ce qui vous donne une idée de l'ampleur des dégâts. Une jambe plus courte que l'autre, un bassin qui part en vrac, des lombaires en vrille, et surtout, la douleur, présente, persistante qui a fait de mon adolescence un cauchemar. Pour mes 20 ans, la sécu m'a même offert une carte « station debout pénible » me permettant de passer devant tout le monde pour éviter de faire la queue ! Ce qui rend mon histoire encore plus incroyable. Car pourtant, un jour, par défi, j'ai commencé à courir de plus en plus loin et de plus en plus longtemps. Oh ! n'allez pas croire que tout a été rose et facile. Je me suis pris de sacrées baffes, du genre qui te remettent à ta place et qui te font comprendre que tu restes quand même une tour de Pise : un monument, certes, mais qui a besoin qu'on le renforce de temps à autre pour éviter qu'il ne s'écroule.

Je me suis surtout découvert un mental que je ne soupçonnais pas. Alors, de la poule ou de l'œuf, je ne sais pas si je l'ai construit en accumulant les kilomètres ou s'il était déjà là, n'attendant que d'être révélé. Quoi qu'il en soit, si vous ne deviez retenir qu'une chose de ces aventures, c'est que si une fille nulle en sport comme moi parvient à accomplir des trucs dingues, vous devriez sans problème réussir à faire le tour du parc ou du lac d'à côté !

DE WINSTON CHURCHILL À MARIE-JOSÉE PÉREC

Si on m'avait dit un jour que j'allais courir un marathon… Mieux, si on m'avait dit un jour que j'écrirais un livre pour raconter mes histoires de marathons de par le monde ! Depuis longtemps je rêve d'une chose : retrouver mon prof d'EPS de quatrième, celui-là même qui m'a crié dessus pendant le cross du collège alors que j'avais l'impression de faire une crise d'asthme et cardiaque à la fois. Juste pour lui dire, un peu comme Pretty Woman revenant dans la boutique de Rodeo Drive, en tenant fièrement mes baskets à la main : « Eh ouais mon gars. Tu ne l'avais pas vue venir celle-là ! »

DES CHAUSSURES QUI COURENT VITE

Je me souviendrai toujours du jour où je suis entrée dans un magasin de sport pour la première fois. Toutes mes années de collège, j'achetais mes tenues et chaussures au supermarché. Il faut dire que, vu mon niveau, ça suffisait amplement ! Je me souviens notamment d'un jogging jaune fluo totalement improbable et surtout totalement contre-productif lorsqu'il s'agissait de passer inaperçue pendant ce cours que je détestais tant et dont mon père, pourtant médecin, refusait de me dispenser. Dieu merci, à partir du lycée, mes prières furent enfin entendues et j'ai finalement été dispensée de gym en raison de mon dos totalement tordu et, par la même occasion, exemptée de porter une quelconque tenue de sport.

Seulement là, des années et des années après, il fallait bien se résoudre à faire quelque chose puisque j'allais participer, par un concours de circonstances que je ne m'explique toujours pas, au Raid Amazones : une compétition multisports entre filles, certes organisée cette année-là sur l'île Maurice, mais qui n'en restait pas moins un truc où il fallait courir, pédaler, nager et que sais-je encore ! À la base, je devais seulement organiser la présence d'une équipe aux couleurs de l'association pour laquelle je travaillais, pas aller me ridiculiser pendant six jours, mais c'est quand même là que j'en étais.

Légèrement affolée, je m'étais inscrite dans la foulée à La Parisienne, une course de 6,5 kilomètres qui se déroulait quelques mois avant mon fameux raid, histoire de voir ce que ça faisait de courir. La date fatidique approchait et quand j'ai ouvert mon placard en vue d'un entraînement, il a bien fallu se rendre à l'évidence : aucune paire de baskets présente sur mes étagères ne semblait destinée à la pratique de la course à pied. J'étais nulle, certes, mais je savais qu'il ne serait pas très pertinent d'y aller avec des Converse ou de charmantes petites Bensimon en coton fleuri.

Me voilà donc partie, direction la ville la plus proche de mon lieu de villégiature estival, bien décidée à m'offrir ma première paire de baskets digne de ce nom. Mais, une fois dans le magasin, quelle ne fut pas ma surprise de découvrir des dizaines de paires gentiment rangées le long du mur. Sérieux ? Juste pour la course à pied, il y a tout ce choix ?

Totalement perdue, j'ai fini par m'asseoir sur le petit banc destiné à l'essayage en me demandant bien dans quoi je m'étais embarquée. Heureusement, très vite, un vendeur s'est approché de moi.

— Est-ce que je peux vous renseigner ?

— Ben je veux des chaussures pour courir…

— Vous avez une distance de prédilection ?

— Euh, celle que je vais pouvoir finir… Je débute, vous savez !

— Très bien, je vais vous aider. Vous voulez des chaussures pour foulée pronatrice, supinatrice ou universelle ?

— Moi je veux juste des chaussures qui courent vite.

Le vendeur a explosé de rire et après quelques essayages, sprints et allers-retours dans le magasin, j'ai fini par arrêter mon choix sur une paire qui me semblait être la plus confortable possible. Voilà, c'était fait, j'avais ma première paire de « running » comme on dit maintenant. Pour le reste de la tenue, j'ai considéré qu'un vieux short et un T-shirt feraient bien l'affaire et je suis rentrée chez moi hyper fière.

Maintenant il ne me restait plus qu'à apprendre à courir pour de vrai ! Et là, croyez-moi sur parole, ça n'allait pas être triste non plus.

Une chanson, deux chansons, l'intégralité de la compil

C'est bon, j'ai donc mes chaussures, une tenue pour aller courir, bon ben y a plus qu'à ! Je suis en vacances à la campagne, paumée au milieu des moutons au fin fond de l'Allier. Cela me semble l'endroit idéal pour commencer : avec tout cet air frais et sain, ce sera toujours mieux qu'à Paris où je vis encore à l'époque. Depuis ce matin, j'essaye de me motiver, mais rien n'y fait, je n'arrive pas à décoller. Je crois que j'ai peur, je crois que l'ado traumatisée du cross du collège vient de se réveiller et refuse d'y retourner.

Pourtant il va bien falloir se jeter à l'eau, et c'est finalement vers 17 heures, alors que les enfants entament leur goûter que je me décide. Je lance à la maisonnée un « Maman va courir, soyez sages avec papa » et je pars. Il fait beau, le petit chemin semble n'attendre que moi, mais, au bout de 500 mètres, je suis foudroyée par un point de côté. Je marche un peu, je repars mais il revient lui aussi... Je fais demi-tour et je rentre en marchant à la maison. Je suis accueillie par l'éclat de rire de mes enfants toujours devant leurs tartines et leur verre de jus par un « Eh ben, c'est pas gagné ton histoire ! » Et je me dis qu'ils ont sûrement raison.

Seulement si ce n'était pas gagné, ce n'était pas perdu non plus parce qu'en bonne Bretonne, je suis plutôt têtue ! Le lendemain, je décide de changer de tactique. Je prends ma musique et je pars en marchant. Je vais écouter une chanson et je vais courir sur la deuxième chanson en veillant à ne pas sprinter mais juste à accélérer un peu. Et ça passe ! Pas de point de côté, je remarche donc pendant une chanson et je repars. Je vais jouer à ce petit « cours, marche » pendant trente minutes, le temps que je m'étais imparti et je rentre à la maison super fière de moi. Après deux ou trois sorties du même genre, je décide de passer à deux chansons « courues » pour une « marchée », parce qu'il faut bien progresser un peu. À ma stupéfaction, jour après jour, je suis de plus en plus à l'aise. Je n'ai aucune idée de ma vitesse puisque je n'ai pas encore de montre ultra-connectée qui fait même le café et encore moins d'application sur mon téléphone portable qui est resté à la maison. Tous ces petits logiciels qui font notre bonheur aujourd'hui n'existaient pas encore ou étaient alors uniquement connus des professionnels dont je ne faisais pas partie. Mais ma plus grande surprise vient du fait que je prends du plaisir à courir, et ça vraiment, je ne m'y attendais pas.

Les enfants ne se moquent déjà plus, leur papa commence à regarder ça d'un air inquiet… Il avait épousé un Winston Churchill au féminin, pas une Marie-Josée Pérec en devenir ! Je me plais à prendre confiance, à déjà voir l'impact sur mon corps, enfin pour le moment surtout mes cuisses, faut pas pousser mémé non plus.

Je panique toujours un peu, je ne sais même pas ce que courir 6,5 kilomètres représente réellement, mais pas le choix, il va falloir se lancer. Un peu plus d'un mois après mes débuts, je m'apprête à devenir officiellement une « runneuse ». La Parisienne, j'arrive !

Toute première fois,
toute toute première fois

C'est enfin le grand jour. Je vais participer à ma première course. Je n'ai vraiment aucune idée de ce qui va se passer. Heureusement, je ne m'y suis pas inscrite seule : Isabelle, ma camarade et collègue avec qui je vais participer au Raid Amazones doit m'accompagner. Elle n'est pas mieux que moi, elle aussi débute de son côté. On n'en mène large ni l'une ni l'autre…

Je suis allée chercher mon dossard la veille. Jusque-là j'ignorais l'existence de ce bout de papier qui fait de moi un numéro, comme dans la célèbre série que seuls les anciens connaissent, *Le Prisonnier*. C'est marrant d'ailleurs, quand on y pense, le running m'apporte une liberté incroyable tout en me réduisant parfois à un simple numéro, une succession de performances chiffrées. Car les runners adorent les chiffres ! Quand on rencontre un autre coureur, presque tout de suite, on lui demande : « Tu vaux combien sur marathon ? Et sur 10 bornes ? » On te pose la question de ton chrono avant de savoir si tu as trouvé ça beau… Cette obsession des nombres est depuis toujours le sujet d'une grande incompréhension pour la littéraire que je suis.

Bon, ce n'est pas tout ça, mais je m'égare, revenons-en à notre Parisienne ! J'ai mal dormi, forcément, repensant encore et encore à ce que je devais mettre, manger. Je ne dois pas oublier d'accrocher ma puce sur ma chaussure, l'autre grande nouveauté pour moi. Ce petit bout de plastique me permettra de savoir quel temps je mets et de voir figurer mon nom sur la longue liste des « finisheuses[1]», autre mot qui va dorénavant faire partie de mon vocabulaire. J'ai bien entendu découvert que les épingles à nourrice allaient devenir, tel le Saint-Graal, une perpétuelle quête… Qui n'a pas vu un coureur désespéré au départ d'une course, suppliant qu'on lui prête quatre ou même seulement deux précieuses épingles – ça fera l'affaire pour fixer son dossard –, ne peut pas comprendre. J'ai pris mon petit déjeuner normalement, préparé mon sac de sport avec une tenue pour pouvoir me changer après la course, du déo et tout et tout pour ne pas effrayer mes voisins dans le métro, et me voilà partie !

Oh mon Dieu, mais il y a plein de monde ! Je suis perdue dans cette foule parmi laquelle les sentiments d'excitation et de peur semblent se mélanger. Je retrouve Isabelle que je ne vais plus lâcher, de crainte de me perdre, de rater le départ, de partir dans le mauvais sens, bref je panique. Je découvre l'ambiance de l'attente dans un sas de départ. C'est fou, j'apprends plein de nouveaux mots depuis le début de ce week-end, je suis en train de passer mon diplôme de running première langue !

1. Celles qui arrivent au bout d'une course, donc !

Enfin, c'est le départ, l'euphorie des premiers mètres où tout se bouscule : les coureuses, les pieds, les mots dans sa tête (« Ne pars pas trop vite… respire… regarde où tu mets les pieds… »).

Je voudrais bien pouvoir vous dire que je me rappelle de tout, de chaque mètre parcouru, mais ce serait mentir. Tout s'est passé, non pas comme sur un nuage, mais plutôt dans un brouillard façon purée de pois brestoise. Je sais que j'ai fini, je sais que j'ai couru parce qu'aujourd'hui j'ai toujours la médaille reçue à l'arrivée, parce que mon nom est bien sur une liste, mais ce moment était tellement surréaliste pour moi, tellement à des années-lumière de qui j'étais à ce moment-là de mon existence, que je peine encore à croire que c'est bien moi qui étais là baskets aux pieds et dossard bien accroché. Je me souviens d'être rentrée chez moi, ma médaille autour du cou, en ne pensant qu'à une chose : ça y est, je suis officiellement une runneuse ! La fierté que j'ai pu ressentir pendant ces minutes n'était que les prémices de ce qui allait venir plus tard mais, oui, je peux le dire sans aucune hésitation : cette médaille et cette course ont changé ma vie à jamais. Un nouveau moi était né en passant cette ligne d'arrivée, qui venait de faire ses premiers pas et qui était impatient de se voir grandir et commencer enfin à courir sa vie.

L'alcool gratuit dans les avions devrait être interdit

Voilà c'est fait… Je suis dans l'avion qui me ramène chez moi après huit jours passés sur l'île Maurice, non pas à bronzer mais à courir, pédaler, nager, tirer à l'arc et même naviguer sur un radeau improbable construit avec des bidons et un bout de ficelle. On l'a fait, on a survécu au Raid Amazones ! Tous les soirs, lors du briefing, j'étais tétanisée à l'écoute du programme du lendemain et je me couchais en me disant : « OK, demain c'est la fin, jamais je n'arriverai à faire ce qu'on me demande. » Et pourtant tous les jours, on passait la ligne d'arrivée.

Nous étions trois filles qui se connaissaient depuis peu, récemment réunies par l'association Jeunes Solidarité Cancer dont je faisais partie. J'avais pour ma part rejoint le groupe à la dernière minute, uniquement pour compléter l'équipe car il manquait une volontaire pour finaliser l'inscription auprès de l'organisation. J'avais vu des reportages sur ce genre de raid, lu des récits dans des magazines comme *VSD* que mon père avait dans sa salle d'attente de médecin de campagne, mais jamais je ne me serais imaginé que je pourrais un jour y participer, même si un psychologue vous dirait certainement que je n'ai pas dû monter ce projet totalement par hasard... Ce qui est très drôle, c'est qu'en recevant le programme, j'avais totalement paniqué en voyant les mots « course à pied », « VTT » et « kayak ». Puis je m'étais finalement mis en tête que ça devait être facile puisque c'était ouvert aux amatrices dans mon genre.

Résultat des courses ? Enfin, de *la* course ! Une chute après 100 mètres de VTT : je venais de découvrir les notions de vitesses et autres plateaux un peu trop douloureusement. Pour moi le vélo, cela avait toujours été un moyen de locomotion sur l'île de Ré avec un petit panier devant, pourquoi diable m'embêter avec ce type d'accessoires ! Le kayak... Ah, le kayak... Apparemment, nous les Bretons nous avons peut-être le gène de la navigation mais absolument pas celui de la rame (ou de la pagaie, je ne sais même plus comment ça s'appelle ce truc-là !). Je crois que j'aurais pu tuer quelqu'un de rage tellement ce foutu bateau ne voulait jamais aller là où je voulais qu'il aille. D'ailleurs j'ai fini par sauter à l'eau pour le pousser ! Nous avions la chance de naviguer dans un lagon où nous avions pied heureusement. Nous allions plus vite à la force de nos jambes qu'à la force de nos bras.

Finalement la vraie bonne surprise est venue de la course à pied qui tenait plus du trail (mais je ne connaissais pas ce mot à l'époque) puisque nous étions en pleine nature. Nous n'avons pas gagné, cela va sans dire, mais à notre grand étonnement, enfin surtout le mien, nous n'avons pas fini dernières non plus. Lors de la remise des prix où nous étions quelque chose comme quarantièmes sur soixante équipes présentes, j'avais juste l'impression d'être Wonder Woman. OK, je boitais parce que j'avais trouvé malin de marcher sur un oursin le dernier jour, ce qui, avouez-le est rarement une bonne idée. Mais je l'avais fait. Enfin *nous* l'avions fait, puisque, sincèrement, sans la présence rassurante de mes coéquipières, je crois que j'aurais eu tendance à rester en position fœtale tous les matins en murmurant : « Je ne veux pas y aller ! »

Dans l'avion du retour, j'étais sur mon petit nuage, au sens propre comme au figuré. Assise à côté d'une des gagnantes, je débriefais avec elle, me régalant de ses aventures à l'autre bout du monde dans le cadre du Raid Gauloises aujourd'hui disparu. Plus je l'écoutais et plus je me sentais invincible. Les hôtesses nous offraient du champagne et moi qui bois rarement, je me suis vite retrouvée vraiment euphorique. Tellement que, dans ma tête, je me suis dit ceci : « OK, donc en réalité je suis capable d'accomplir des trucs de dingues, des trucs que même dans mes rêves les plus fous je ne pensais pas pouvoir réaliser. Alors je rentre à la maison, je fais mon quatrième bébé et je pars courir le marathon de New York. » Non, parce que j'avais beau être légèrement saoule, j'avais quand même conscience que mes ovaires vieilliraient plus vite que les muscles de mes mollets et qu'il fallait garder le sens des priorités !

Le jour où j'ai fini dernière d'un semi-marathon

Comme vous le savez maintenant, j'ai commencé à courir dans le but de boucler un marathon. En toute logique, j'ai donc commencé par un semi-marathon. Il fallait déjà que je survive aux 21 kilomètres avant d'avoir l'ambition d'aller un peu plus loin. Pour cela je me suis saisie du calendrier des courses et mon choix s'est vite porté sur un « semi » pas très loin de chez moi. J'avais envisagé un moment de « monter » à la capitale, ce qui m'aurait donné l'occasion de jouer les touristes le temps d'un week-end mais, allez savoir pourquoi, j'ai pensé naïvement qu'une petite organisation serait plus propice à mes premières foulées en tant que future marathonienne. Quelle grossière erreur !

Alors je vous arrête tout de suite, évidemment je ne remets pas du tout en cause l'organisation, qui même si elle n'est pas internationale, ni même nationale, n'a absolument rien à se reprocher. Elle a été parfaite d'un bout à l'autre de la course. Non. Ce que je n'avais pas mesuré, c'était que mon niveau de débutante en la matière allait être difficilement compatible avec « l'esprit club ». Dès mon arrivée sur la zone, je vais retirer mon dossard et je constate que tout le monde semble se connaître. Il faut dire qu'on doit être une petite centaine au maximum et que quasiment tous les participants sont licenciés. Ce qui sous-entend qu'ils s'entraînent sérieusement, eux, et qu'ils participent à des compétitions régulièrement. Ils ne sont pas là pour se promener et encore moins pour faire des stories sur Instagram.

Je m'installe à l'arrière du peloton, le coup de pistolet retentit et en une fraction de seconde, je me retrouve seule sur la route. Ben ils sont partis où ? Ah oui… devant, tout simplement ! Je sens que ça va être super long cette histoire encore. Le parcours est en réalité constitué de deux boucles dans la campagne environnante. En d'autres termes, mes seuls spectateurs sont des moutons et les seuls véhicules que je risque de croiser, ce sont les tracteurs des fermiers qui s'en vont visiter leurs prés. Pour qui aime la foule, les cris et les panneaux agités en l'air, c'est carrément raté ! Mais moi ça me va bien, j'ai ma musique dans les oreilles en fond sonore, il fait beau, l'air est frais, tout est parfait. Enfin, parfait… Force est de constater que si j'avance, je n'avance pas assez vite. Alors que j'en suis à la moitié, je commence à me faire doubler. Mais d'où viennent tous ces coureurs ? Ah ! ce sont juste ceux qui ont déjà fini le premier tour et qui entament le deuxième. Mais c'est bien sûr… Et je fais quoi moi, maintenant ? J'arrête et je rentre chez moi sans demander mon reste ou je continue ? Oh et puis zut, j'ai pris mon dossard comme tout le monde, tant qu'on me laisse jouer, il n'y a aucune raison de ne pas poursuivre !

Alors que je débute fièrement mon deuxième tour, j'apprends que je suis la dernière. Je peux vous dire qu'à ce moment-là, pour ne pas baisser les bras il ne vaut mieux pas avoir un ego surdimensionné ! Je crie aux bénévoles qu'il ne faut surtout pas m'attendre, que je vais continuer toute seule comme une grande, que j'ai à boire, à manger et qu'ils peuvent rentrer chez eux pour le déjeuner. Seulement j'avais juste zappé une chose : c'est une course officielle avec des règles. Et parmi ces règles, il y en a une qui empêche les organisateurs de m'abandonner seule sur le parcours. Ils doivent continuer à sécuriser la route et à assurer les ravitaillements. Je ne sais plus où me mettre… Moi qui aime la discrétion je suis servie, tout le monde m'attend comme le messie ou presque ! Le plus drôle c'est que la plupart des bénévoles en charge de la sécurité sont coureurs eux-mêmes et un à un, ils décident de rejoindre l'arrivée en courant avec moi. Ils veulent me soutenir, ils m'encouragent, j'étais toute seule, nous finirons une dizaine, à la façon d'une maman oie, mon troupeau en V autour de moi.

Tout le monde m'attend sur la ligne, m'applaudit et me félicite de ma persévérance. Sur le moment je suis super flattée, mais très vite je comprends pourquoi tout le monde est resté. En réalité la remise de prix ne pouvait se faire puisqu'ils avaient prévu (c'est original mais c'est pourtant bien réel) de récompenser les quatre premiers arrivés de chaque catégorie et… nous n'étions que quatre femmes ! Je suis donc restée en bas du podium mais je suis repartie avec une énorme coupe que j'ai toujours, ainsi qu'avec un très beau bouquet de fleurs. Lorsque je suis rentrée chez moi triomphante, mes enfants surpris m'ont accueillie avec un :

— Mais tu as gagné la course, maman ?

— Nan mes chéris, j'ai fini dernière !

— Il est quand même vachement bizarre ton sport…

S'il faut retenir une chose de cette anecdote, c'est que si vous devez un jour vous lancer vous aussi dans l'aventure, choisissez plutôt une course où vous serez noyé dans la masse. À Paris justement, je serais arrivée vers la fin du peloton c'est certain, mais pas toute seule sous le regard amusé des participants. Cela dit, cette histoire rend à mon avis celle qui va suivre encore plus drôle !

ET LE JOUR OÙ J'AI GAGNÉ UN MARATHON

Avouez que ça claque comme titre ! Et là, vous vous dites que j'ai dû mentir quelque part. Comment moi, la fille nulle en sport, j'ai pu monter sur la première marche du podium d'un marathon ? Et pourtant, je vous jure que tout est vrai. Heureusement que j'ai toujours les médailles dans ma cave pour me le prouver parce que même moi, j'ai du mal à le réaliser.

Vous vous souvenez peut-être de ces images qui avaient fait le tour des télés et que l'on peut trouver facilement sur le Net aujourd'hui : épreuve de patinage de vitesse aux Jeux olympiques d'hiver de 2002, ils sont cinq au départ. Steven Bradbury n'a clairement pas le niveau et reste derrière tout le petit groupe qui part à fond. Et là le patineur chinois tombe, entraînant les trois autres dans sa chute, permettant ainsi au dernier de passer la ligne d'arrivée seul, hilare de ce qui vient de se passer. Eh bien j'ai un peu vécu la même chose ! Marathon d'Avermes, 2009… Pour celles et ceux nombreux qui ne le savent pas, Avermes est une petite ville collée à Moulins dans l'Allier.

C'est là que je m'entraîne avec mon club, et c'est là qu'on organise tous les ans un marathon. Le parcours, je le connais par cœur puisque nous l'empruntons souvent lors de nos sorties longues, sachant que là, nous allons devoir faire trois fois la même boucle.

Oui, dit comme ça, c'est tout de suite moins excitant, mais ça a un avantage non négligeable : au troisième passage, les bénévoles en charge des ravitaillements connaissent votre prénom et celui de vos enfants ! Le parcours est ce qu'on appelle dans notre jargon un truc « loin d'être roulant ». Pour dire les choses plus clairement il n'est pas plat et croyez-moi sur parole, la dernière montée, lorsque vous l'attaquez la troisième fois, vous avez juste l'impression de gravir l'Everest. Le plus dingue dans toute cette histoire, c'est que je n'avais pas prévu de le courir en entier. À la base, je devais faire une sortie longue toute seule comme une grande, mais vu que tous les copains de mon club étaient engagés sur le marathon et que le dossard ne coûtait vraiment pas grand-chose, je me suis dit que ce serait l'occasion de ne pas courir de mon côté et de financer un peu l'organisation qui en avait bien besoin.

J'avais prévenu mon mari que je partais pour deux heures et que je serais rentrée en temps et en heure pour l'aider à préparer le barbecue puisque ma belle-famille se joignait à nous pour le traditionnel repas dominical. Mais rien ne s'est passé comme prévu… Alors que j'entamais mon deuxième tour qui était normalement mon dernier, un bénévole me dit à un ravitaillement :

— Oh mais vous êtes la troisième féminine, ne lâchez rien, faut rester sur le podium hein ?

Comment ça, je suis troisième ? Dans la mesure où je n'avais pas du tout envisagé cette course comme une compétition, je n'avais pas pensé que le fait que nous soyons très peu de femmes au départ puisse me permettre de briguer un quelconque résultat. Et là ça commence à cogiter… Je ne vais quand même pas gâcher ce qui reste sûrement ma seule et unique chance de faire un podium sur un marathon.

Et je décide de continuer le plus loin que je peux, sait-on jamais, sur un malentendu, ça pourrait le faire. Comme je n'ai pas de téléphone sur moi, je ne peux même pas prévenir mon mari de ma décision, tant pis, il est grand, il saura gérer en mon absence et tant que ce ne sont pas les secours qui l'appellent, je sais qu'il n'est pas inquiet. Alors que je finis la deuxième boucle, j'aperçois une coureuse qui s'arrête sur le bord de la route. Elle boite et semble souffrir le martyre. Je m'arrête à ses côtés, prends de ses nouvelles et elle me confirme que blessée, elle arrête là. Me voilà donc deuxième…

J'ai tout d'un coup une pêche que je n'ai, je crois, jamais eu sur un marathon, surtout après 30 kilomètres. Bon je ne suis pas non plus devenue Marie-Josée Pérec, hein ! Mais j'avance et je ne compte plus rien lâcher. Les minutes s'écoulent, forcément trop longues pour une fille qui n'était pas préparée à courir 42 kilomètres ce jour-là quand tout d'un coup, j'aperçois la première juste devant moi. C'est une blague ou quoi ? Elle n'a plus sa foulée aérienne, il ne faut pas avoir fait huit ans de médecine pour voir qu'elle souffre. Je finis par la rejoindre et immédiatement je lui demande si tout va bien. Elle me confirme qu'elle est blessée mais elle veut aller au bout. Et là je lui dis, naïve que je suis :

— Si tu veux, on finit ensemble, ça me ferait plaisir de courir avec toi et qu'on passe la ligne d'arrivée à deux.

— T'es sérieuse, là ? Je n'étais pas ici pour finir à deux mais pour gagner, donc c'est sans moi.

OK ! Ben puisque c'est ça, moi j'accélère et je fonce toute seule comme une grande vers l'arrivée. Lorsque j'entre dans le stade j'entends mon entraîneur me dire :

— Mais enfin qu'est-ce que tu fous là ?

Et je me retrouve à bafouiller en tentant de me justifier que ce n'est pas ma faute, que ce sont les autres qui sont blessées et que oui je sais que c'est ridicule que je gagne un marathon vu mon niveau. Mais je vous rassure, il me dira aussi que je n'ai absolument aucun complexe à avoir vis-à-vis de ma victoire, que le sport c'est comme ça et que ce jour-là quoi qu'on en dise ou qu'on en pense, c'était moi la meilleure.

Enfin c'est bien gentil tout ça mais je suis aussi attendue chez moi ! Je fonce récupérer ma voiture, dans laquelle je n'ai même pas de tenue pour me changer puisque je comptais prendre ma douche à la maison et non dans des vestiaires avec eau froide à volonté. Je rentre en coup de vent et crie à mon mari :

— Chéri, j'ai gagné le marathon, je prends une douche et j'y retourne pour la remise des prix.

— Euh, tu as bu ma chérie ? Toi, gagner un marathon… C'est ça, et moi je suis le dernier empereur de Chine.

Inutile de vous préciser que j'ai aussi embarqué mes enfants sous le bras pour qu'ils soient avec moi, parce que leur maman qui gagne un marathon, ça ne risque pas d'arriver deux fois !

New York sera toujours New York

J'ai de la chance, je suis allée plusieurs fois dans la ville qui ne dort jamais. Comme beaucoup, elle me fascinait depuis l'enfance et je m'étais promis d'y aller le jour où je serais grande ! D'ailleurs, si j'ai commencé à courir de façon « sérieuse », c'est uniquement pour retourner là-bas courir le légendaire marathon. Sincèrement je ne sais pas d'où cette idée m'est venue. Je pense que c'était planqué dans un coin de mon inconscient. Tous les ans ou presque, le journal de 20 heures nous montre les images d'une foule de gens sur un pont, prêts à s'élancer pour la course de leur vie. Je crois que je me suis dit que ça pourrait être une bonne idée un jour d'en faire partie.

Seulement j'avais négligé un truc… Le coût de la rigolade ! Moi, naïve, n'y connaissant rien à ce sport (ni à aucun autre sport d'ailleurs), j'ignorais qu'il fallait débourser quoi que ce soit pour obtenir ce bout de papier numéroté à accrocher à son T-shirt. Limite j'imaginais qu'on était payé à courir 42 kilomètres. Que nenni ! Non seulement on paye pour courir et souffrir mais, comble de l'ironie, aux États-Unis ça coûte un bras, pour ne pas dire un rein. Il faut se remettre dans le contexte. Je suis au foyer à ce moment-là, mère de famille pas du tout désespérée mais qui se voit mal annoncer à son homme : « Dis au fait, tu sais les économies qu'on fait pour les vacances, ben finalement je vais les prendre pour aller courir 42 bornes toute seule comme une grande. » Il me fallait donc trouver une solution financière avant même de trouver une solution physique, parce qu'au moment où je me suis mis cette idée en tête, je ne pouvais de toute façon pas courir plus de 10 kilomètres.

Je me suis donc penchée un peu plus sur cette histoire et j'ai très vite découvert que trois possibilités s'offraient à moi : réussir à atteindre le temps qualificatif qui m'assurerait le dossard (mais comme la greffe cœur-poumons-jambes n'est pas encore médicalement possible, j'ai vite abandonné cette option) ; passer par une agence de voyages qui me vendrait un package complet dont le coût approximatif avoisinerait vingt ans d'épargne sur mes allocations familiales ; ou tenter le tirage au sort. À l'époque (ce n'est plus le cas aujourd'hui), il « suffisait » de cumuler trois tirages au sort négatifs d'affilée pour être assuré de pouvoir participer au marathon à la quatrième tentative. Et, coup de chance pour moi, cette fameuse quatrième année tombait pile-poil pour mes 40 ans : l'occasion de demander à ma famille de se cotiser pour m'offrir mon billet d'avion. En plus, ça me laissait largement le temps de m'entraîner.

Première année, premier tirage au sort, négatif, forcément. Là, c'est comme quand tu joues au loto pour la grosse cagnotte du vendredi 13, tu te doutes bien que ce ne sera pas toi mais pendant deux jours tu imagines tout ce que tu pourras faire avec tes millions. Eh ben, c'est tout pareil. Même si je m'y attendais, je suis déçue. Hasard ou coïncidence comme dirait Claude Lelouch, je traîne sur un site communautaire de running et je découvre un message qui dit en substance : « Eh les dépités du tirage au sort, il y a un concours organisé pour gagner un package tout compris pour le marathon de New York. Il vous suffit juste de cliquer. » Inutile de vous préciser que j'ai cliqué !

Il y a une partie questionnaire type QCM simple à remplir si on a Internet et qui semble n'être là que pour faire un premier tri, et une partie rédactionnelle où l'on me demande pourquoi je veux aller à New York, voilà ce qui va déterminer mon avenir. Mon grand regret c'est qu'aujourd'hui je n'ai plus ce texte, tout simplement parce que je l'ai écrit directement sur le site, persuadée que je ne gagnerais pas. Je suis tellement peu joueuse si vous saviez… J'ai passé plusieurs jours à Las Vegas sans mettre le moindre billet dans une machine à sous ! J'avais presque oublié ce concours jusqu'à un certain vendredi, juste avant le week-end de la fête des Mères (cela ne s'invente pas), où je reçois un appel :

— Bonjour, vous êtes bien Cécile Bertin ? Juste pour vous dire que vous avez gagné et qu'on vous emmène à New York en novembre prochain.

— Maman ou qui que ce soit d'autre, ce n'est pas drôle !

Et vous voulez savoir le plus beau ? J'étais sur mon tapis en train de courir au moment où on m'a appelée ! Heureusement qu'il y avait un système de sécurité qui permettait de l'arrêter en cas d'urgence parce que j'en ai eu le souffle coupé.

Voilà comment quelques mois plus tard, je me suis retrouvée au pied du fameux pont… Comment j'ai écouté l'hymne américain dans le silence, la main sur le cœur, prise par l'émotion… Comment j'ai traversé cette ville et ses quartiers encouragée par une foule en délire qui te porte et te fait oublier que tu souffres un peu mais pas trop non plus. Il se trouve que ce marathon sera mon premier sous les quatre heures, un chiffre qui ne veut pas dire grand-chose pour les néophytes mais qui est un des premiers graals à décrocher lorsqu'on débute dans la distance mythique. Je l'ai vécu comme dans un rêve du début à la fin, juste accrochée à partir du trentième kilomètre aux petits drapeaux français qu'une participante avait plantés dans son chignon. Elle va m'emmener sans le savoir jusqu'à Central Park.

J'ai pleuré en entrant dans ce lieu de légende, bouleversée de me dire que je l'avais fait, que j'y étais arrivée, moi, la dispensée de sport. Avoir réalisé ces deux rêves à la fois a rendu le moment encore plus beau, et je n'ai pas pu m'empêcher d'y voir un signe. Le signe que c'était mon destin d'être là, qu'il n'y avait pas de hasard et que j'étais faite pour courir et écrire puisque c'était finalement mon clavier, associé à mes baskets, qui m'avaient amenée ici.

Dès que j'ai eu ma médaille autour du cou, je suis allée saluer mon lièvre[1] du jour, qui a fait la connaissance d'une blonde un peu ébouriffée mais tellement heureuse d'être là. C'est en lui expliquant rapidement mon histoire, mon parcours et son rôle depuis 12 kilomètres que je me suis remise à pleurer et qu'elle m'a prise dans ses bras. Je ne connais pas son nom, je n'ai pas pensé à le lui demander et je ne l'ai jamais revue, mais elle restera à jamais l'inoubliable inconnue du marathon de New York.

1. En course à pied, on appelle « lièvre » un coureur placé en tête pour assurer un train rapide et permettre à d'autres coureurs de faire un bon temps.

Une princesse à Chamonix

Ce qu'il y a de bien avec moi, c'est qu'à mes débuts, je n'y connaissais tellement rien, j'étais tellement à mille lieues de l'univers du running que j'ai fait des choses qu'aujourd'hui je ne referais pas et que je peux recommander de ne surtout pas faire à celles et ceux qui me demandent des conseils ! C'est ainsi qu'un beau jour de juin, je me suis retrouvée à Chamonix pour la première – et pas pour la dernière fois – de ma vie.

En quelques mois, j'étais devenue « accro » aux marathons. Course après course, j'avais pris de l'assurance, sûrement trop. J'avais tendance à oublier que ça restait un vrai défi chaque fois et que le corps n'est pas forcément fait pour ça. Mais voilà, c'était bientôt mon anniversaire et j'étais devenue si « marathonienne » dans l'âme que je ne me voyais pas ailleurs que sur une course pour fêter ça ! J'ai donc regardé le calendrier des courses et constaté que le seul marathon organisé ce week-end-là était à Chamonix. Je ne connaissais pas encore cette station, j'avais mes habitudes de l'autre côté de la montagne, à Megève où je me suis même mariée. Le fait que ce soit une course avec du dénivelé me passait totalement au-dessus de la tête. D'ailleurs à cette époque, je ne savais même pas de quoi il s'agissait exactement quand on évoquait le « D+ » et le « D- » comme on dit entre pros. Moi, tout ce que je voyais, c'était que mes nouveaux copains marathoniens seraient là et qu'on allait bien s'amuser.

À ce moment-là, je suis d'humeur super festive, à tel point que, la veille de la course, je célèbre mon anniversaire au restaurant avec mes amis, je suis gâtée de toutes parts, que du bonheur ! La raclette coule à flots, question alimentation, aucun doute, je suis au top. Question préparation, j'ai juste fait un trail (enfin plutôt une course nature) pas trop loin de chez moi pour voir ce que ça faisait de courir sur des cailloux mais le parcours était plutôt plat, roulant même et mon temps final a avoisiné celui que je mets sur la route. Quand je raconte aujourd'hui à des habitués que j'ai préparé ma première course en montagne à Limoges, inutile de vous dire que ça les fait doucement rigoler ! Mais c'est lorsque j'arrive sur la petite place de la mairie, avec ma jupette et mon diadème que je comprends qu'il y a un blème. Oui, je sais, le diadème n'était pas indispensable mais je voulais marquer ce jour-là d'une façon rigolote. J'ai aussi customisé mon dossard avec plein d'autocollants de princesses Disney tant que j'y étais. C'est dire mon sérieux… Il me suffit de regarder autour de moi pour constater que les autres sont là pour tout, sauf pour s'amuser. Je suis en train de découvrir l'univers impitoyable des « traileurs ».

Le départ est donné et comme le parcours commence par 10 kilomètres de plat ou presque, je suis toujours dans mon élément. OK, j'étais tellement obnubilée par le fait que mon diadème reste en place que j'ai juste oublié de remplir ma gourde d'eau, mais je tiens jusqu'au premier ravito où je me jette, assoiffée, sur le robinet. Je repars, d'abord requinquée puis très vite désenchantée… Mais qui a foutu cette montée au milieu de ma course ? Enfin montée… C'est carrément une montagne que je dois grimper et celle-là, je vais la sentir passer. Rapidement, je comprends que je me suis embarquée dans un truc qui me dépasse totalement et pour lequel je n'étais pas du tout préparée.

Heureusement, il fait beau, la vue est à couper le souffle et même si je suis lente, j'avance, les mains en appui sur les cuisses comme je l'ai vu faire autour de moi. L'avantage quand ça monte, c'est que très souvent, ça finit par redescendre ! Je découvre que si, en théorie, ça semble plus facile, en pratique il faut surtout éviter de se laisser entraîner par la pente et surtout apprendre à éviter les cailloux et autres racines. Saperlipopette, les organisateurs ne pourraient pas nettoyer les chemins avant notre arrivée ? Et les bitumer, non ? Ça serait moins dangereux quand même ! J'arrive au deuxième ravitaillement et là surprise, on me reconnaît :

— Ah vous voilà enfin ! Nos collègues de Vallorcine s'inquiétaient pour vous, ils nous ont passé un coup de fil pour avoir des nouvelles de la fille au diadème. Je les appelle tout de suite pour les tranquilliser.

Si j'avais un doute sur le fait que je faisais tache dans le décor, me voilà rassurée ! Blague à part, ça m'a motivée à continuer et à me dépasser. Pas pour prouver aux gentils bénévoles de mon nouveau fan-club qu'ils avaient tort de s'inquiéter à mon sujet, ça c'était adorable de leur part, mais plutôt pour me prouver que je n'avais pas fait une erreur monumentale en me pointant là un dimanche matin d'été. Je ne vais plus rien lâcher, je relance autant que je le peux, c'est-à-dire dès que le terrain le permet. J'ai depuis longtemps arrêté de regarder mon chrono qui ne veut plus rien dire pour moi, je me contente de compter ceux que je double, c'est bien suffisant pour me remonter le moral ! Je sais, c'est mal de dire ça et pire encore de l'écrire… mais j'avoue que me retrouver à doubler quelques camarades plus rapides que moi sur route redonne un sacré coup de boost à mon ego ce jour-là. Bon, attention, je ne suis pas non plus en mode « Pousse-toi dans le fossé, c'est moi que v'là ». Je prends toujours le temps de vérifier que tout va bien et qu'ils n'ont besoin de rien, n'allez pas vous imaginer des trucs quand même. La solidarité a toujours primé sur le chrono et heureusement.

Enfin la dernière grimpette est là, l'arrivée est tellement proche que j'entends le speaker donner de la voix tout là-haut, il n'y a plus qu'à lâcher les fauves et foncer. Alors que je suis en plein effort, j'entends une voix masculine qui crie :

— Allez, tiens bon Barbie (*saleté de diadème tiens !*), Ken est déjà arrivé, il t'attend !

Sympa la réflexion misogyne… Je réplique bien fort pour être sûre que tout le monde entende :

— Ah ça, ça m'étonnerait bien, Ken est à la maison en train de garder les gamins.

Puis je brandis le poing en criant :

— *Girl power*, les filles !

Et là c'est la folie ! Le public de ce type de course était, à l'époque, essentiellement féminin pour la bonne et simple raison que la majorité du peloton était composée d'hommes. C'est d'une logique sexiste à souhait, mais implacable hélas. J'ai alors droit à une ovation de toutes les filles, qui hurlent sur mon passage mon cri de guerre, me redonnant une énergie dingue.

Voilà c'est déjà fini… Je ne regarde mon chrono qu'en l'éteignant : je ne savais même pas qu'on pouvait mettre autant de temps pour courir 42 kilomètres ! Une chose est sûre, j'en ai bavé, je n'étais pas préparée à vivre ça, mais aucun doute à ce moment-là, Chamonix me reverra.

Des manchots comme cadeau

Peu de gens le savent mais il existe bien un marathon en Antarctique (il en existe même deux). Je l'ai appris par hasard, en lisant un livre découvert via un forum de marathoniens enragés sur lequel je traînais. Philippe Paillaud fut le premier Français à le courir et je me suis mis en tête, allez savoir pourquoi, d'être la première Française.

Je sais, vous vous dites sûrement que j'avais envie d'impressionner quelqu'un en me lançant dans ce projet, mais même pas. Hormis moi-même, je n'ai jamais eu envie d'impressionner qui que ce soit en réalité. Mais j'avais découvert une course unique en son genre, une vraie expérience humaine à laquelle j'avais juste envie de me confronter une fois dans ma vie. Comme souvent, je ne réalisais pas en me lançant dans cette aventure que je devrais me faire violence en allant chercher des sponsors, ce qui était loin d'être évident pour moi qui étais déjà incapable de demander une augmentation… Je ne réalisais pas non plus que j'allais devoir passer le cap Horn en bateau, à l'aller et au retour ! Et encore moins que j'allais tomber amoureuse du septième continent.

Il y a peu, j'ai vu dans l'avion le film sur Jacques-Yves Cousteau avec Lambert Wilson. J'ai alors découvert quelque chose que j'ignorais : cet homme de l'image qui, contrairement à ce qu'on pourrait penser, n'était à ses débuts pas connu pour ses penchants écologiques a changé du tout au tout la première fois qu'il s'est rendu là-bas. Après des années sous l'eau, c'est en posant un pied à terre qu'il a enfin compris qu'il fallait tout faire pour protéger notre planète, pour que cet endroit magique ne disparaisse pas. Après avoir moi aussi posé le pied sur ce territoire exceptionnel, j'ai ressenti la même chose. Il est impossible de mettre des mots sur cet endroit. Même les photos, les vidéos ne rendent pas hommage aux lumières incroyables qui s'y reflètent, aux sons uniques que font les monceaux de glace qui se détachent pour retourner à la mer. C'est absolument fascinant. À tel point que je me suis demandé pourquoi je venais courir à cet endroit. J'ai eu ce moment de doute, ce moment où tu te demandes ce que tu viens foutre là avec ton dossard accroché à ta veste.

Avant toute chose, je tiens à préciser que la réglementation internationale qui régit ce lieu unique est très stricte et qu'on ne peut y avoir accès en tant que touriste que sur une période limitée. Alors oui, il fait froid, mais finalement pas tant que ça, disons qu'il ne fait pas plus froid qu'au Canada. Il n'y a donc pas besoin de s'entraîner en chambre froide comme je l'ai vu parfois. Faire ça, c'est uniquement pour se donner un genre et impressionner la galerie à coups de selfies. Le corps s'adapte à une vitesse incroyable et ce n'est pas l'hiver arctique. Fin de la parenthèse !

Parmi les originalités de la balade, il y a un détail qui m'a énormément amusée : on nous a « confisqué » nos passeports avant de nous laisser débarquer. En effet, l'île qui sert de terrain de jeu à cette course est partagée entre différentes bases scientifiques qui, au niveau administratif, sont un peu comme des ambassades. Alors, pour nous empêcher de demander l'asile politique, si tant est que l'idée nous traverse l'esprit, à la Chine, à l'Argentine ou au Chili, on nous a tout simplement pris nos papiers le temps du marathon. Pour rajouter une touche d'originalité à l'ensemble qui pourtant n'en manquait vraiment pas, nous avons bénéficié de ravitaillements sauvages organisés par des scientifiques ravis de notre petite visite. Parmi les participants nous avons aussi eu des invités de dernière minute : des soldats chiliens en stationnement sur leur bateau à quelques encablures de l'île. Inutile de préciser qu'après plusieurs semaines en mer, leur entraînement était plus que limité, mais l'envie de se défouler avec nous l'a largement emporté sur la raison. Ravitaillements en mode congélo, participants originaux… Ne manquaient que des spectateurs plumés pour que le marathon soit réellement décalé à souhait !

Il est important de savoir que les manchots vivent au Sud et les pingouins au Nord, car on les confond tous un peu. Autre particularité et non des moindres, ils ne considèrent pas les humains comme une menace. Il n'y a jamais eu de chasse organisée, au pire certains explorateurs les ont capturés pour les manger mais cela n'a pas été suffisant pour modifier en profondeur leur comportement. Nous sommes donc pour eux uniquement de nouveaux amis qu'ils sont ravis de venir saluer. Il suffit de s'asseoir deux secondes sur un caillou à proximité d'une colonie pour que très vite, quelques curieux viennent vous observer de près. Mais le plus drôle reste leur étonnante faculté à vouloir jouer avec vous !

Alors que je suis en train de courir sur mon chemin tracé dans la neige, j'aperçois au loin un petit groupe de manchots qui ne bougent pas. Ils sont tellement immobiles que sur le moment je me dis que l'organisation s'est amusée à en poser des faux sur le bas-côté pour nous donner le sentiment que nous ne sommes pas seuls au monde, perdus sur un caillou au pôle Sud. Avec les Américains, il faut se méfier, ils sont très joueurs eux aussi ! Plus je me rapproche, plus je réalise que ce sont de vrais manchots et qu'ils semblent même me regarder. Alors que j'arrive enfin à leur hauteur, je ralentis un peu pour ne pas les effrayer et là, à ma grande surprise, ils m'emboîtent le pas. Je décide de ralentir encore un peu tellement la situation m'amuse. Je suis là en train de trottiner avec trois manchots qui essaient de rester à mon rythme, et forcément je commence à les encourager. OK… Donc là je suis juste en train de parler à des manchots qui courent avec moi… Mais bien sûr ! Note pour plus tard : arrêter le malbec, vin chilien certes plutôt buvable, mais qui semble porter atteinte au bon fonctionnement de mon cerveau.

Au bout de quelques minutes, les manchots s'arrêtent brutalement et repartent en sens inverse. Je me dis qu'ils en ont assez de marcher, mais, quand je me retourne, je m'aperçois qu'ils sont revenus à leur place initiale et qu'ils s'apprêtent à refaire exactement la même chose avec mon poursuivant. Ah, OK, ils changeaient juste de partenaire en réalité !

Le soir sur le bateau, j'apprends en racontant mon incroyable rencontre qu'ils ont fait ça avec une bonne dizaine de coureurs avant de rejoindre l'océan. La course à pied m'a fait découvrir des lieux improbables et vivre des choses encore plus improbables, mais ce moment reste l'un de mes plus beaux souvenirs.

LES PETITES HISTOIRES DE LA GRANDE HISTOIRE DU RUNNING

Je n'ai pas fait des études d'histoire par hasard. Rien ne me passionne plus que de comprendre les événements présents en fouillant dans le passé pour en découvrir la genèse. C'est comme ça qu'en me plongeant dans les archives historiques, j'ai compris que, comme le dit si bien Jacques Dutronc : « On nous cache tout, on nous dit rien. » Et que quand on nous apprend que les femmes n'ont eu que très récemment le droit de courir, on nous ment. Vous allez voir que les femmes n'ont pas attendu le XXe siècle pour foncer tête baissée vers une ligne d'arrivée !

Hippodamie, la reine d'Olympie

Ce cher Pierre de Coubertin[1] était d'un machisme crasse, estimant que les femmes devaient rester aux fourneaux parce que, selon lui, elles n'étaient tout simplement pas faites physiquement pour le sport et qu'elles risquaient une descente d'organes si jamais elles sautaient une haie, voire de se transformer en homme sans même avoir recours aux hormones : elles n'étaient d'ailleurs même pas tolérées comme spectatrices lors des premiers Jeux olympiques « nouvelle version ». Pire, il a volontairement zappé une partie de l'histoire des Jeux olympiques de l'Antiquité grecque ainsi que certaines légendes qui s'y rattachent et qui valent pourtant à elles seules leur pesant de féminisme.

Atalante, fille d'un roi encore plus macho que Coubertin – ce qui n'est pas peu dire –, fut abandonnée dans les montagnes à sa naissance par son père qui voulait un garçon. Quelle idée de naître fille, aussi… Recueillie par une ourse, puis par des chasseurs, elle devint tellement rapide et habile à la chasse

1. Créateur des Jeux olympiques de l'ère moderne et fondateur du CIO (Comité international olympique).

que finalement son père se dit qu'il avait peut-être fait une erreur et récupéra sa fille prodigue, enfin prodige surtout ! Il décida de lui trouver un époux puisque, forcément, élevée ou non par des ours, une femme se devaient d'être mariée. Inutile de vous préciser qu'avec ce type d'enfance, la donzelle voulait tout sauf se laisser enfermer dans un gynécée. Elle proposa donc à ses prétendants de relever un défi : ne l'épouserait que celui qui la battrait à la course à pied. Quant aux perdants, ils finiraient tués de ses propres mains. Après quelques échecs sanglants, c'est finalement un certain Hippomène qui gagna en trichant, ce qui est un comble quand on y pense, mais comme il était aidé par Aphrodite, déesse de l'amour, il est un peu pardonné. Bien entendu, tout cela relève de la légende et, comme souvent, mélange sûrement plusieurs histoires peut-être un peu vraies. Le plus important est que cela sous-entend une chose capitale pour la suite de l'histoire : chez les Grecs anciens, les femmes avaient le droit de courir et elles le prenaient.

Elles avaient tellement le droit qu'on trouve même des Jeux féminins organisés à Olympie par Hippodamie de 1360 à 1350 avant J.-C. : les Jeux d'Héra. Tous les quatre ans avait donc lieu une compétition de course à pied à laquelle seize femmes choisies pour leur vertu et leurs origines avaient le droit de participer. Évidemment il fallait en passer par quelques hymnes à la déesse et autres réjouissances, mais dès que le signal retentissait, c'était parti pour un sprint échevelé, tunique retroussée au-dessus du genou. Instant mode, leur tenue n'était d'ailleurs pas sans rappeler la jolie petite robe de Serena Williams inaugurée pour l'US Open en 2018 si l'on en croit les représentations que les archéologues ont retrouvées ! Mais si les Athéniennes organisaient leurs Jeux, les femmes spartiates n'étaient pas en reste.

Il faut savoir que, pour faire simple, Athènes et Sparte s'opposaient diamétralement sur la façon d'envisager l'éducation. Tous ceux qui ont vu le film *300* voient de quoi je parle… À Sparte, le sport, à Athènes, l'intellect – certes dans un corps sain, mais tous les quatre ans c'est largement suffisant. Or, si la condition physique des petits Spartiates était mise dès leurs 7 ans à rude épreuve, les fillettes n'étaient pas en reste. L'objectif était clair : faire un tri sélectif pour obtenir des femmes robustes et vigoureuses, capables de porter plein d'enfants et d'assurer la défense de la cité en cas d'absence des mâles partis guerroyer ailleurs. Course, saut, lancer de javelot ou de poids, rien ne leur était épargné. Mais ce qui peut surprendre le plus, rétrospectivement, c'est l'absence du port d'une tenue réglementaire par les élèves, pour ne pas dire d'une tenue tout court ! Imaginez, des jeunes femmes nues apprenant à se battre… On est très loin de l'image d'Épinal de la femme de l'Antiquité qu'on se représente en toge et en sandalettes de cuir, nonchalamment allongée sur un divan. Nos contemporains, avec leurs combats de femmes dans la boue ou de catcheuses masquées, n'ont finalement rien inventé !

Et là vous me dites : « Oui enfin bon, tu es gentille, mais tes histoires ça remonte aux calendes grecques et pour la plupart, on n'est même pas sûr qu'elles aient réellement existé. » Ce à quoi je vous réponds que le Moyen Âge aussi avait ses courses féminines ! Eh oui… Vous savez, cette période où, là encore, on essaye de nous faire croire que les femmes restaient enfermées chez elles à attendre le retour de leur chevalier de mari, tout juste bonnes à surveiller le ragoût sur le feu et à repriser les chaussettes ; alors qu'elles étaient en réalité souvent à la tête de commerces quand ce n'était pas de la France (ce qui semble totalement impossible au XXIe siècle). Les historiens ont la preuve formelle que, vers 1100, a été organisée la première course féminine de Beaucaire dans le Languedoc. Et très vite, c'est l'Europe tout entière qui s'y met : on retrouve ainsi des courses à Vérone, en Italie, ou encore en Angleterre. Lors des foires, on voit courir les hommes, les chevaux, mais aussi les femmes qui ne sont pas en reste, retroussant leurs jupons pour gagner un panier garni ou une pièce d'étoffe.

Jeanne, la midinette qui courait en jupette

Vous pensez naïvement que la première course féminine moderne organisée à Paris remonte à une vingtaine d'années ? Que nenni ! La toute première fut organisée en 1903 et on connaît même le nom de celle qui l'a remportée : Jeanne Cheminel. C'est elle qui fut la première « Parisienne ».

On l'avait baptisée « course des midinettes ». N'y voyez là rien de péjoratif, il s'agissait en réalité à l'époque du surnom donné aux jeunes femmes travaillant dans les ateliers de couture qui, à midi, sortaient pour déjeuner dans les jardins de la ville, envahissant les bancs publics. Elles étaient jeunes et souvent habillées à la dernière mode puisque c'était leur métier et qu'elles maniaient l'aiguille à la perfection. Et on les voyait donc fleurir à midi… Le raccourci fut vite trouvé et il est resté.

Mais il y a un point commun entre La Parisienne actuelle et cette course : l'une comme l'autre sont sorties de l'imaginaire d'hommes qui furent également organisateurs du marathon de Paris. Pierre Giffard, créateur du *Monde Sportif*, l'équivalent de notre journal actuel *L'Équipe*, a organisé le premier marathon de Paris en 1896. Quant à Patrick Aknin, il passera lui aussi presque un siècle plus tard par le marathon avant de participer à l'organisation de la plus grande course féminine française et d'encourager enfin les femmes à se lancer, dossard accroché au T-shirt.

Mais revenons à nos midinettes ! À la base, Pierre Giffard envisageait une marche qui relierait Paris à Nanterre, soit 12 kilomètres, le 25 octobre 1903. D'ailleurs, la course gardera le nom de « marche » bien que rien ne se passa vraiment comme prévu. Très vite, une prime étant promise à la première arrivée, les jeunes femmes décident de se préparer. Plus de « bento box » sur les bancs publics, on envahit les allées des parcs pour marcher de plus en plus vite, pour trottiner et pour finir par courir. L'esprit de compétition, un truc réservé aux hommes ? Tu parles, Charles, tu vas voir ce que je suis capable de faire ! On aperçoit même des hommes coachant à vélo les filles de plus en plus motivées.

Le jour J, elles sont toutes là, plus de 2000 femmes bien décidées à rejoindre Nanterre le plus vite possible. Petit détail qui n'en est pas un, elles seront autorisées à prendre le départ place de la Concorde et à passer par les Champs-Élysées, preuve que lorsqu'une municipalité veut, elle peut… Petit tacle en passant à l'actuelle maire de Paris qui ne semble toujours pas décidée à offrir la plus belle avenue du monde aux 30 000 femmes participant tous les ans en septembre à La Parisienne. Et surtout, petit tacle aux Parisiens de la Belle Époque dans leur ensemble, qui sont des centaines de milliers à être venus voir le départ de ces jeunes femmes, par curiosité certes, mais aussi un peu pour se moquer, évidemment… Oh, cela ne durera pas longtemps ! La garde montée ouvre la route aux participantes, et très vite Jeanne Cheminel, 24 ans, prend la tête de la course. Elle arrive une heure et dix minutes plus tard à Nanterre, bottines aux pieds et en robe blanche du plus bel effet, juste devant Alice, Mathilde, Marguerite et Jeanne, pour ne citer que les premières.

La fête n'est pas pour autant finie puisqu'il y aura également des concerts ainsi qu'une démonstration de fleuret des élèves féminines de madame Gabriel, dite Mimi Pinson. Inutile de vous dire que le succès magistral de cet événement a bien énervé le curé de Nanterre mais aussi, allez savoir pourquoi, les associations féministes de l'époque. Pourtant l'engouement ne faiblit pas et il n'est pas rare de croiser une femme de la « haute société », comme on disait en ce temps-là, courir dans les bois de Boulogne ou de Vincennes. Mais la Grande Guerre arrive et le temps n'est plus au sport… L'effort sera de guerre cette fois.

Alice Milliat reprend le flambeau en créant la Fédération des sociétés féminines sportives de France avec même une section football. Elle se battra pour que les femmes puissent avoir leur place au sein des Jeux olympiques modernes mais ce cher Coubertin veille au grain… On veut bien les laisser s'amuser entre elles mais de là à partager un stade avec des « femelles » qui seraient tellement mieux en train de tricoter, faut quand même pas pousser. En attendant, le train est lancé, rien ne pourra plus l'arrêter, sans parler du fait que du côté de la Grèce, les esprits divins se sont encore réveillés.

Melpomène ou comment faire manger son chapeau à Coubertin

1896, l'année où tout a recommencé. Les Jeux olympiques de l'époque moderne renaissent, à Athènes, forcément. Le CIO n'existe pas encore, il sera créé juste après pour que l'événement perdure dans le temps. Mais pour le moment, ils sont seulement 241 athlètes à se présenter pour 122 médailles à remporter… C'est mieux que *L'École des fans* de Jacques Martin, tout le monde a presque gagné ! Tout le monde sauf une femme, Melpomène, qui pourtant va tout faire pour participer.

Avant d'aller plus loin, précisons que les historiens ne sont pas tous d'accord au sujet de l'existence même de Melpomène et qu'on parle parfois de deux femmes et non d'une seule. Mais aujourd'hui, bon nombre d'entre eux pensent qu'il s'agissait bien d'une seule et même personne. Il faut dire que Stamata Revithi, ce n'est pas facile à retenir ! Ne me demandez pas comment ce nom a fini par entrer dans l'Histoire sous celui de Melpomène, c'est aussi obscur pour moi que les changements de nom de Kanye West ou de Prince, mais c'est comme ça…

La jeune femme est belle, blonde, a des yeux bleus superbes, elle vit avec ses deux enfants au Pirée, la ville portuaire proche d'Athènes. Alors qu'elle devient veuve, elle doit trouver un travail pour nourrir sa famille et pour cela, elle se rend en marchant à la capitale. Sur le chemin, elle rencontre un homme, sportif de son état, qui lui raconte qu'il va courir le marathon pour gagner une médaille, une prime et, il l'espère, un travail puisqu'il sera ensuite connu comme marathonien. Ni une ni deux, Melpomène décide de faire la même chose !

La voici donc à Marathon, la petite ville qui sert de lieu de départ à la course pour respecter les traditions, enfin les traditions… Je vous laisse lire le chapitre suivant pour comprendre que, là aussi, les historiens tiennent parfois plus d'attachés de presse en charge de la communication des puissants que de reporters de faits réels et avérés. Enfin bref, Marathon est à 40 kilomètres d'Athènes, il suffit de suivre la route pour finir en héros dans le stade olympique qui a retrouvé son lustre d'antan pour l'occasion. Pas la peine de vous dire que l'arrivée de la belle blonde qui cherchait le bureau des inscriptions ne passa pas inaperçue… Surtout que, puisque le règlement n'envisageait même pas que des femmes se présentent, il ne précisait pas qu'elles n'avaient rien à faire là. L'organisation sortit alors de son chapeau une excuse pitoyable : il aurait fallu s'inscrire avant, le délai était dépassé. Déjà que les Américains venus en nombre avaient eu la malencontreuse idée de commencer à piquer toutes les médailles aux Grecs… Sérieux quoi ?! D'abord, les cow-boys, maintenant une bonne femme… Zeus allait finir par faire des loopings dans sa tombe, et ces nouveaux Jeux par perdre toute crédibilité pour l'avenir.

Vous croyez que ça l'a découragée ? Tu parles, Charles… Enfin, Pierre ! Ton autorisation de courir, franchement, elle s'en battait les couettes, et le lendemain, pour le départ, elle comptait bien être là. Et elle y fut ! Elle rejoignit bel et bien Athènes sur ses deux pieds, encouragée par la foule et accompagnée par des cyclistes qui s'improvisaient coachs ou ravitailleurs. Ainsi, Melpomène, qui n'avait jamais couru de sa vie, arriva en vue du stade en cinq heures et trente minutes (ou quatre heures et trente minutes selon les sources, mais le temps importe peu finalement), stade qu'elle ne vit que de loin puisque l'organisation finit par sévir et lui en interdit l'accès.

Elle ne fut donc pas finisheuse de façon officielle mais plusieurs des organisateurs essayèrent de lui rendre justice en inscrivant son nom dans la longue liste des vainqueurs de l'épreuve de marathon. Inutile de vous préciser que Pierre et ses copains se sont empressés de graver dans le marbre l'interdiction faite aux femmes de participer à ladite épreuve et que le retour de ces dernières sur cette distance reine fut repoussé aux calendes grecques !

Pour les beaux yeux d'une reine

C'est juste une anecdote amusante à raconter à la fin d'un dîner lorsque quelqu'un se plaint de ces foutus marathoniens qui vont encore bloquer les rues de Paris dimanche prochain, comme si on n'en avait pas déjà assez des voies sur berges fermées. L'histoire du marathon vaut à elle seule son pesant de cacahuètes, ou plutôt de gels énergétiques !

Retournons quelques siècles en arrière. Marathon : les Grecs, enfin les Athéniens, sont face à l'armée perse qui souhaite conquérir le pays. Sur le papier, aucune chance qu'ils en sortent vainqueurs, mais il faut croire que Zeus n'était pas occupé à chasser la vierge effarouchée, déguisé en cygne ou en étalon fougueux, et ce sont finalement, à la surprise générale, les Athéniens qui l'emportent.

Comme la 4G n'existait pas encore et qu'ils avaient probablement dû manger le dernier pigeon voyageur qui restait, on décida d'envoyer au plus vite un jeune homme pour avertir la capitale de l'événement. Philippidès leva la main lors de l'appel aux volontaires. On ne saura jamais s'il voulait juste aller aux toilettes ou s'il était pressé de rentrer, toujours est-il que le voilà parti à bride abattue, enfin sandales bien ficelées, vers Athènes qu'il atteignit on ne sait pas trop en combien de temps, mais, une chose est certaine, il n'arriva que pour prononcer le mot « *Niké* » (« victoire » en grec ancien, du nom de la déesse et d'une future marque de chaussures qui courent vite), puis il mourut. Super encourageant pour les futurs marathoniens, n'est-il pas ?

Pour la petite histoire, il se raconte aussi que le Philippidès en question serait plutôt allé directement à Sparte (les deux cités se bagarraient et se faisaient concurrence depuis toujours et même les légendes n'y échappent pas), ce qui, pour le coup, n'est plus du tout la même limonade puisque l'autre grande cité antique se trouve à 246 kilomètres de Marathon ! Enfin le résultat reste le même : il meurt à l'arrivée. La légende, qu'elle finisse à Athènes ou Sparte, est lancée. Athènes aura son marathon et Sparte son (je vous le donne en mille)… Spartathlon, l'une des courses sur route les plus dures au monde, toujours organisée tous les ans à ce jour. Fin de la parenthèse !

Nous voici donc à la fin du XIXe siècle, le marathon devient discipline olympique, on reprend les mêmes et on recommence, ou presque. Un Grec du nom de Spiridon (véritable légende vivante, pour le coup, puisqu'il a eu la riche idée de ne pas mourir en passant la ligne d'arrivée, lui !) devient un héros des temps modernes en parcourant la distance de 40 kilomètres qui sépare officiellement les deux villes. Mais voilà, comme souvent, les Anglais débarquent et décident de n'en faire qu'à leur tête !

Jeux olympiques de Londres, 1908. Le roi Édouard VII n'est pas seulement un amoureux du tweed, des pantalons repassés avec plis avant et arrière et des actrices ; il est aussi très famille. Et voilà qu'il est pris d'une lubie : organiser le départ du marathon devant le palais de Buckingham pour permettre à toute sa petite tribu de voir les stars des Jeux olympiques. Pour autant, on ne peut pas changer l'arrivée qui doit avoir lieu au pied de la tribune royale pour que le roi puisse y remettre la coupe au vainqueur. Alors ni une ni deux, on oublie la légende et on change la distance finale : le marathon fera ce jour-là 42 kilomètres et 195 mètres, tout ça pour les beaux yeux et à cause d'un caprice d'Alexandra, la reine, qui voulait voir les mecs en short.

Mais l'histoire ne s'arrête pas là ! Ce marathon sera marqué à tout jamais par l'arrivée rocambolesque de Pietri, un coureur italien qui aurait dû gagner s'il n'avait pas eu l'idée saugrenue de s'écrouler, comme Philippidès, non pas 200 mètres après la ligne mais 200 mètres avant… La foule est en délire (90 000 personnes sont dans le stade), affolée à l'idée qu'il soit en train de mourir sous leurs yeux, rejouant le premier marathon de façon un peu trop réaliste. Des hommes s'élancent pour le secourir afin de lui permettre de finir la course, avec parmi eux, et ça ne s'invente pas, Conan Doyle, l'auteur célébrissime des Sherlock Holmes. Rien n'y fera, Pietri passera la ligne soutenu et sera donc disqualifié au profit de Hayes, un Américain… Encore ! Décidément, ce nouveau continent joue un peu trop souvent les perturbateurs de l'ordre établi. Et ça n'est pas près de s'arrêter !

Bobbi, la grande oubliée de Boston

Boston, 1967. Kathrine Switzer, le dossard 261 fièrement accroché à un improbable jogging gris qui ferait bondir Cristina Cordula, se fait violemment agripper par l'organisateur d'un des plus anciens marathons du monde. Elle est défendue par les autres coureurs qui lui permettront, en lui constituant une garde rapprochée, de finir la course… Ces images ont fait le tour du monde et marqué des générations entières. Elles ressortent régulièrement dans les médias pour soutenir la cause des femmes, rappelant qu'il n'y a pas si longtemps, courir leur était interdit… et oubliant au passage celle par qui tout a vraiment commencé.

1966. La jeune Bobbi Gibb est étudiante en histoire de l'art au Boston Museum. Elle court en mode amateur, tout comme son mari qu'elle vient de rencontrer. Et un truc l'énerve profondément : elle voudrait courir le marathon de sa ville, seulement voilà le règlement le lui interdit. Elle a pourtant consciencieusement envoyé son bulletin d'inscription, immédiatement détruit. Coubertin l'a dit et redit : les « olympiades femelles » seraient « inintéressantes, inesthétiques et incorrectes ». Manquerait plus qu'elles courent au-delà de 1500 mètres, la distance maximale qu'on leur a autorisée.

Seulement la petite Bobbi, belle comme un cœur, n'en a que faire et décide de courir coûte que coûte. Un dossard après tout, ce n'est qu'un simple bout de papier. Sa mère l'emmène donc en voiture à une centaine de mètres du départ (on sent que le féminisme chez les Gibb, c'est de mère en fille !). Là, Bobbi se planque dans un bosquet et, ni une ni deux, intègre discrètement le petit flot de coureurs en short long (qui serait du plus bel effet sur un terrain de golf) et en débardeur noir. Mais le plus incroyable, c'est qu'elle passe tout à fait officiellement la ligne d'arrivée, accueillie par le gouverneur de l'État. À défaut d'une couverture de survie, elle a droit à une bonne couverture en laine qui gratte, à quelques photos prisent à la volée, et elle repart aussi discrètement qu'elle s'est faufilée dans le peloton. La presse locale et même nationale parlera quelque temps de la première femme à avoir couru le marathon de Boston et puis plus rien…

Plus rien jusqu'en 1967, où Kathrine Switzer qui a eu vent de l'histoire a elle aussi décidé d'en être, mais elle, elle veut porter officiellement un dossard, le côté « planquée dans le bosquet », ça ne lui plaît pas. Elle use donc d'un subterfuge au moment de son inscription et utilise ses initiales afin de se faire passer pour un homme, obtenant ainsi son précieux sésame. Ce jour-là, le visage dissimulé sous la capuche de son sweat trop grand pour elle, elle n'est pas seule sur la ligne de départ. L'homme d'un certain âge que l'on voit à ses côtés sur toutes les photos est son entraîneur. Professeur de sport à la fac où elle étudie, il a accepté de la préparer et a même décidé de l'accompagner. Quant au beau brun qui joue des poings sur les photos, c'est son fiancé.

Le trio se lance et, au bout de quelques kilomètres, se pensant tranquille, Kathrine enlève sa capuche… Et c'est là que tout part en vrille ! Dans le bus qui remonte la course avec à son bord des journalistes et des photographes venus couvrir l'événement, se trouve aussi Jock Semple, le directeur de la course. Un des photographes, plus attentif que les autres, lui dit alors :

— Je rêve Jock ou il y a « encore » une fille sur ton marathon ?

Remonté comme un coucou suisse, l'organisateur bondit hors du bus et tente de faire sortir de la route la nouvelle resquilleuse. Bobbi, passe encore, mais là, ça commence à faire beaucoup. Sauf que c'est sans compter le service de gardes du corps personnel de Kathrine qui intervient, aidé par les coureurs qui l'entourent et qui savent depuis plusieurs minutes qu'ils ont une femme à leurs côtés. Les spectateurs hurlent après Jock qui se résout à la laisser partir. Trop tard : les photographes et autres cameramans n'ont pas manqué d'immortaliser la scène qui deviendra alors un symbole de la lutte des femmes pour leurs droits, faisant de Kathrine une égérie internationale.

Mais vous savez le plus dingue dans l'histoire ? C'est que Bobbi était encore là ce jour-là, toujours sans dossard mais bien présente. On ne la voit pas sur les photos parce qu'elle a été beaucoup plus rapide que sa future copine et qu'elle a passé la ligne d'arrivée plus d'une heure avant elle ! Des années plus tard, en 1996, lors du centième anniversaire du marathon de Boston et du trentième anniversaire de son premier marathon à elle, l'organisation reconnaîtra les trois victoires consécutives de Bobbi (1966, 1967, 1968), faisant officiellement d'elle la première femme à avoir fini cette course interdite aux femmes. En 2016, elle sera même là pour donner le départ et accueillir le vainqueur, avec sa photo en quatre par trois partout dans la ville. Malgré tout cela, elle restera à jamais la grande oubliée du marathon de Boston, preuve s'il en est que les images sont souvent plus fortes que tout.

LA GRANDE BLONDE À LA CHAUSSURE PAS TOUJOURS NOIRE

Même lorsque je ne le fais pas exprès, il m'arrive des trucs improbables, des anecdotes, qui m'ont valu le surnom de « Pierre Richard du running »... Sur le moment, on panique un peu mais avec du recul, ça finit toujours par devenir de très bons souvenirs !

COURIR QUAND ON N'A PAS DE TÊTE

Depuis que je pratique le running régulièrement, je suis la reine des oublis en tout genre. Un psy vous dirait qu'il faut y voir un signe, que rien n'est innocent, et tout et tout, mais moi j'y vois surtout l'empreinte de la charge mentale puisque aujourd'hui, grâce à des médecins et des bandes dessinées à succès on a mis un nom sur ce syndrome. Sérieusement, comment voulez-vous que je n'oublie pas des trucs quand je dois gérer les repas avant de partir, vérifier que tout le monde a bien des affaires propres dans ses placards, m'assurer que mamy n'a pas oublié qu'elle prenait le relais, et j'en passe ? De vous à moi, le stress que je ressens la veille d'une compétition n'est généralement pas lié à la course elle-même, mais bien à celle que j'ai dû faire pour réussir à arriver sur la ligne de départ.

Sur ce Trail des Aiguilles Rouges, je partais sur de bonnes bases. J'avais eu une saison d'été plutôt correcte, je n'étais pas blessée et surtout je connaissais le terrain et le principe de la course, l'ayant finie avec succès l'année précédente. J'avais adoré le parcours d'une beauté parfaite, même si le départ ultra-matinal – pour ne pas dire nocturne – n'avait pas été simple à gérer. 4 heures du mat' sur la place de la mairie, frontale allumée, ça pique un peu quand même… Mais le but des organisateurs étant de te faire profiter du lever du soleil sur le mont Blanc, tu serres les dents et tu apprécies la chance inouïe que tu as.

Bref, je m'étais réinscrite avec enthousiasme et, question logement, j'avais la chance d'être dans un centre UCPA, à quelques minutes à peine de la ligne de départ, nickel. En chambre individuelle en plus ! Parce que normalement, on dort à deux, mais l'avantage d'être une fille à ce moment-là, c'est que nous étions tellement peu nombreuses au départ des courses que nous pouvions souvent profiter de nos chambrettes en solo. J'avoue qu'après des années de pensionnat chez les sœurs, les jésuites et j'en passe, l'idée même de me brosser les dents à côté de quelqu'un me hérisse le poil du mollet – que je rase quand j'y pense ! Ils organisaient même un petit déjeuner aux aurores, qui me permettait d'être dans les meilleures conditions possible sur la ligne de départ.

Le jour J, la météo est même annoncée au beau fixe. Vraiment, sur le papier, tout était parfait pour vivre un de ces grands moments que le trail sait nous offrir. Je démarre et dans la grimpette, tout se passe bien. Je ne suis pas un foudre de guerre en montagne mais j'arrive à être régulière, un peu comme dans la fable du lièvre et de la tortue, ce qui me permet la plupart du temps de finir la course. Et puis c'est la douce époque où nous n'étions pas des milliers sur les chemins à vouloir grimper, et où il n'y avait pas encore de bouchons créés par des traileurs impolis, plus obsédés par leur story et leur selfies que par la nature environnante…

Généralement sur ce type de trail, le principe est simple : tu montes et tu descends. Ce sont souvent de vraies montagnes russes dont le profil ressemble à un électrocardiogramme. Sur cette course, ce qu'on appelle les barrières horaires sont strictes. C'est-à-dire qu'il y a un temps imparti pour couvrir une distance précise. Soit ça passe, soit ça casse, et on te décroche ton dossard. Au premier ravitaillement, je suis dans les temps, tout est sous contrôle ! On profite de cette pause pour faire le plein d'eau et de trucs bien gras comme des Tuc ou des morceaux de fromage. Les becs sucrés ne sont pas oubliés avec du chocolat et autres graines et fruits secs en tout genre. Je repars, mais très vite dans la descente, la machine s'enraye... Mon dos me fait hurler, et qui dit douleur dorsale dit mauvaise posture pour tenter de se soulager comme on peut. Du coup, mon genou droit part en vrille lui aussi et il faut très vite se rendre à l'évidence, je vais devoir marcher alors qu'il faudrait que je coure pour être dans les temps et ne pas me faire lamentablement recaler. Je marche un peu, essaie de me relancer mais rien n'y fait. Je sens maintenant ma plante des pieds qui chauffe anormalement. Mais enfin qu'est-ce qui se passe aujourd'hui ? Les minutes s'écoulent, longues comme des heures, j'entends le tic-tac de la barrière horaire dans ma tête... Je sais déjà que c'est foutu et que la course va s'arrêter pour moi dans la vallée.

Arrivée en bas, je rends mon dossard, forcément un peu déçue, je ne suis pas venue de si loin pour ne courir que la moitié du parcours. Comme je n'ai personne pour me ramener à Chamonix, je fais du stop et j'ai la chance d'être très vite récupérée par une famille dont le papa vient lui aussi « d'abandonner ». Je dois dire que sa présence me rassure quant au degré de tolérance de mes covoitureurs vis-à-vis des odeurs corporelles qui se diffusent dans l'habitacle… Je suis coincée à l'arrière entre deux rehausseurs quand ma petite voisine m'achève avec cette question existentielle :

— Mais pourquoi tu fais ça si en plus tu ne finis pas ?

Certes… La bonne question que voilà ! J'y répondrai en deuxième semaine, tu veux bien ?

Dépitée, je rentre à l'UCPA pour prendre ma douche, ramasser mes affaires et filer au plus vite. L'échec ne me donne jamais envie de m'éterniser. C'est en m'asseyant sur mon lit pour enfiler mes chaussettes sans me vautrer (j'ai plus de 40 ans, une chute et c'est la fracture du col du fémur assurée !) que je regarde sans vraiment les regarder les baskets qui traînent à mes pieds. Attends, mais c'est quoi ces coutures visibles ? En une fraction de seconde je comprends le pourquoi du comment de ces catastrophes en série : j'ai emporté ma paire de chaussures toutes propres sans vérifier que j'avais bien replacé les semelles à l'intérieur. Si j'ai parfois pu douter de leur utilité, cette expérience m'a servi de leçon… Depuis, c'est « Jamais sans mes semelles ! »

Courir sans soutif

Si vous saviez le nombre de fois où j'ai dû racheter un soutif de sport en catastrophe à mes débuts… Pour le coup, ça mériterait une consultation chez le psy pour tenter d'expliquer le blocage que je faisais sur le sujet. Et si aujourd'hui toutes les grandes marques ou presque proposent ce type d'accessoire et que même les supermarchés en vendent, c'était beaucoup plus compliqué à trouver il y a une dizaine d'années.

Je connaissais par cœur les horaires de fermeture des Decathlon de la France entière… Il m'est même arrivé de retourner tout le souk de Marrakech dans l'espoir de trouver quelque chose qui ressemblait un peu à une brassière de sport. Ma collection a commencé comme ça, non pas parce que je suis fétichiste du soutif, juste parce que j'en rachetais chaque fois que j'en oubliais un. Cela relevait du comique de répétition. À force, un de mes amis avec lequel j'ai couru plusieurs fois s'est mis à m'envoyer systématiquement un SMS la veille en me disant : « Pense à ton soutif demain ! » Là, vous vous dites qu'avec une telle expérience et une telle collection, je ne pouvais qu'être devenue une experte dans l'art de bien les choisir, eh bien même pas…

La petite histoire que je vais vous raconter fait écho à l'une des chroniques que vous avez lue précédemment, si tant est que vous ayez décidé de respecter l'ordre des chapitres. Millau, le 100 kilomètres, je suis préparée comme jamais. J'ai fait tout bien comme on m'a dit dans les livres et dans les magazines : j'ai testé mes chaussures, mes chaussettes et j'ai décidé de partir en robe, non pas pour me donner un style mais pour être sûre que je n'aurai aucune zone de frottement qui viendrait perturber ma course.

Tout se passe bien jusqu'au soixantième kilomètre, quand, allez savoir pourquoi, ma brassière commence à me gêner. Ah oui, j'ai oublié de préciser ce détail qui sera loin d'en être un dans quelques minutes, la brassière est ce que je préfère porter pour pratiquer mon sport parce qu'il n'y a même pas de pièce métallique à l'arrière et que je trouve ça très confortable. Apparemment certaines de mes comparses n'arrivent pas à les enfiler… J'avoue que j'ai du mal à comprendre le souci, ça s'enfile par la tête comme un pull ou un T-shirt. Les cols roulés ne sont pourtant pas non plus comme les « baby-gros » des enfants, avec des pressions à l'arrière et ils ne leur posent pas problème, que je sache ! Enfin bref tout ça pour dire que je porte quasi exclusivement des brassières.

Au bout de 10 kilomètres supplémentaires, il faut se rendre à l'évidence, ça devient l'enfer. Ça me brûle sous les bras, dans le dos au point de perturber ma foulée et surtout mes pensées. Je ne vais pas me retrouver à abandonner ou à me planter après des mois de prépa à cause d'un simple bout de tissu quand même ? Je m'énerve, peste contre moi-même, je ne suis plus du tout à ma course. Et là, mon homme, qui m'accompagnait à vélo comme l'organisation le permet, me dit :

— Au pire tu l'enlèves, non ?

Que n'avait-il pas dit ! Il avait raison, au pire, je risquais quoi ? Deux ou trois heures sans soutif n'allaient pas être catastrophiques non plus… Avoir les seins au niveau du nombril ? Je crois qu'à ce moment-là, j'étais tellement focalisée sur la réussite de mon objectif que je n'en avais absolument rien à faire. OK, c'est bon, je le vire et on n'en parle plus ! Et tout d'un coup, je réalise que je porte une brassière et une robe. Ce que nous avons toutes fait, à savoir retirer un soutien-gorge sans enlever notre T-shirt en le dégrafant n'est tout simplement pas possible. Bon ben, je fais quoi moi, maintenant ?

En deux secondes j'ai enlevé ma robe et ma brassière, et là j'entends :

— Euh chérie tu es en culotte sur le bord de la route, là… et y a des gens qui passent quand même !

— Oui bon, ben ça va, remonte sur ton vélo et pédale, on a un 100 bornes à boucler !

Ma brassière vole dans le panier devant le vélo, et roule ma poule !

Pour la petite histoire, je visais de finir en moins de douze heures, et ce jour-là j'ai mis onze heures et quarante-deux minutes pour atteindre la ligne d'arrivée, les seins en totale liberté sous ma robe, certes, mais c'est le résultat qui compte !

Courir ou vomir, il faut choisir !

Un jour, une bande de copains sûrement légèrement éméchés au genépi a dû se dire sur la petite place de la mairie de Chamonix : « Tiens, et si on faisait le tour du mont Blanc en courant ? » Ah ben oui, la riche idée que voilà ! Quelques années plus tard, ils sont des milliers à tenter tous les ans de décrocher leur précieux sésame pour faire le tour du gros caillou[1] en moins de quarante-six heures… L'UTMB[2] était né !

Inutile de vous dire que dès que j'ai entendu parler de ce petit délire, j'ai tout fait pour y aller moi aussi. D'autant plus que j'avais assez de points pour y prétendre ! C'est comme avec ma carte de fidélité au supermarché, je tiens absolument à recevoir le cadeau inutile auquel j'ai droit et qui viendra encombrer avec joie mes placards de cuisine. Ah oui, parce que j'ai oublié de vous préciser ce détail : pour faire office de tri sélectif, les membres de l'organisation ont mis en place un système de notation/évaluation pour obtenir le droit de participer à la compétition, histoire

1. Un peu plus de 160 kilomètres, tout de même.
2. Ultra-Trail du mont Blanc.

d'éviter qu'un inconscient qui n'a jamais parcouru une distance plus longue que celle entre son canapé et son frigo pour aller chercher une bière ne puisse s'inscrire. Quand on dit que courir vous rajeunit de dix ans… Je dirais même que la course à pied fait retomber en enfance ! Vous savez, quand on faisait tout notre possible pour collectionner les bons points pour avoir le droit d'aller chercher une image auprès de la maîtresse. Aujourd'hui on est adultes et on veut toujours des bons points, mais l'image est devenue un dossard et la maîtresse s'appelle Catherine Poletti, grande prêtresse fondatrice de l'événement.

Dès que j'ai eu les fameux points, j'ai commencé à jouer. La première fois, je n'ai pas eu de chance avec la météo. L'édition 2010 est la seule à ce jour à avoir été interrompue après 30 kilomètres de course, les conditions se détériorant trop rapidement pour assurer la sécurité des participants. Le lendemain matin à l'aube, nous avons pu repartir sur un parcours raccourci que j'ai fini, mais je ne me suis jamais autorisée à me considérer comme finisheuse à proprement parler puisque l'épreuve avait été modifiée et surtout réduite.

Nouvelle participation et rebelote en 2012… Là c'est dès le départ que le parcours est modifié, encore à cause d'une météo capricieuse. Nous ne faisons pas la distance prévue et bien que, là encore, j'aie terminé la course, je ne suis toujours pas parvenue à me considérer légitime à me pavaner dans les rues de Chamonix en portant l'improbable polaire sans manches qu'on nous offre à l'arrivée.

L'année suivante je reviens à nouveau tenter ma chance, et les éléments semblent être de mon côté puisque enfin la météo veut bien jouer le jeu. Mais cette fois, c'est moi qui vais me planter, toute seule comme une grande. Je rate une barrière horaire, de peu, certes, mais je la rate quand même. Et c'est dépitée et en bus que je rentre à Chamonix, furieuse contre la terre entière, alors que la seule responsable, c'est moi, je le sais bien. J'ai négligé mon entraînement, ou tout du moins mal organisé ma saison et il ne fallait pas rêver, « l'ultra » ça ne pardonne pas.

Vous croyiez que ça allait me décourager ? Que nenni, têtue comme une Bretonne la fille ! Allez zou, j'y retourne une quatrième fois, mais ce coup-ci, je me prépare. Je passe l'été à « bouffer » du dénivelé, à m'entraîner, cette fois la barrière horaire pourra tout faire, elle ne me rattrapera pas ! Au moment du départ, les conditions météo sont favorables, pour bien me conforter dans l'idée que c'est mon jour. Les kilomètres s'enchaînent sans trop de difficulté, la nuit tombe, et j'arrive enfin là où, l'année dernière, on m'avait gentiment stoppée. Je suis large, très large alors je décide de me poser un peu et de manger un bol de soupe bien chaude avant de repartir dans la nuit noire. Tout de suite je sens qu'un truc ne passe pas mais je me force à manger : c'est mon point faible, je ne me nourris jamais assez pendant les courses, surtout les longues, et je finis par le payer. Sauf que là, je viens de signer sans le savoir mon arrêt de mort.

Je repars, bien décidée à grimper les montagnes calcaires, un truc qui semble tout droit sorti d'un livre de Tolkien et que bon nombre de coureurs ont d'ailleurs rebaptisé le Mordor. Très vite, je comprends que quelque chose cloche et je décide de m'asseoir sur un gros caillou pour reprendre mon souffle. Je tente de faire passer les haut-le-cœur qui me gênent de plus en plus quand un gentil coureur a la bonne idée de s'arrêter pour me demander si tout va bien, ce qui part évidemment d'une très bonne intention, mais qui obtient comme seule réponse une gerbe de vomi du plus bel effet… Dieu merci il a le réflexe de se reculer un peu, et ce sont ses chaussures qui prennent tout ! Mais ça n'est pas terminé puisqu'il refuse de me laisser toute seule et insiste pour m'accompagner jusqu'au poste de secours suivant, ce qui lui donne l'occasion de me tenir les cheveux à plusieurs reprises pour que je vomisse encore et encore.

Évidemment je suis obligée d'abandonner la course à Courmayeur où mon mari, qui m'y attendait pour m'aider à me changer, a vu arriver un véritable zombie. L'UTMB m'échappe encore une fois et je me résous enfin à lâcher prise en arrêtant de m'entêter sur ce truc qui ne veut pas de moi. Quoi qu'il en soit, ce moment restera un des plus gênants de mon existence parce que, déjà, me laver les dents à côté de mon mari, j'ai du mal, alors vomir sur un inconnu, je vous laisse imaginer ! Je n'ai pas eu une adolescence classique à coups de soirées arrosées, j'étais en pensionnat de jeunes filles bien sous tous rapports et comme toutes mes petites camarades étaient sur la même longueur d'onde que moi, l'acte le plus subversif que j'ai commis se résume à une bataille de déodorants bon marché dans les couloirs de notre dortoir… C'est dire si j'étais à des années-lumière de la réalité de pas mal d'étudiants. C'est d'ailleurs ce que j'ai trouvé le moyen de dire à ma victime en la quittant :

— Je ne comprends pas ce qui s'est passé, je suis désolée, je n'ai jamais vomi sur personne !

Mon quart d'heure de célébrité au fin fond du Chili

Parmi les courses les plus dingues que j'ai pu faire dans ma vie, il y en a une qui sort du lot pour des raisons extérieures à la compétition elle-même. Elle n'aura été qu'un incroyable concours de circonstances, genre effet papillon, qui m'a amenée à vivre mon fameux quart d'heure de gloire à la Andy Warhol au fin fond du Chili.

Avant toute chose, il est important d'expliquer comment je me suis retrouvée là-bas. Pour faire court, un jour, je me suis mis en tête d'être la première Française à intégrer le Seven Continent Club, le club de ceux qui ont couru un marathon sur les sept continents. Oui je sais… il n'y en a que cinq, pas la peine de crier ou d'inonder l'éditeur de lettres d'insultes, mais pour donner un peu de piquant à l'histoire, la personne à l'origine de ce projet a choisi de séparer l'Amérique du Nord de celle du Sud (et c'était bien avant Trump, n'allez pas vous imaginer des trucs !). En comptant l'Antarctique comme un continent à part entière, ce qu'il est administrativement parlant d'ailleurs, on arrive donc bien à sept continents. Et quitte à faire ce minitour du monde, j'ai décidé de boucler tout ça en 80 jours, pour rendre hommage, vous vous en doutez, à Jules Verne, né dans la même jolie ville que moi, à savoir Nantes. Mais ce qui en théorie semblait rigolo s'est révélé un vrai casse-tête à organiser. Parce que trouver sept foutus marathons officiels se déroulant sur une période de moins de trois mois et sans pour autant avoir à affréter un jet privé pour aller de l'un à l'autre, croyez-moi, ça a été beaucoup moins simple que je ne le pressentais.

C'est comme ça que pour valider l'Océanie, je me suis finalement retrouvée à Tahiti, plus précisément à Moorea. Loin de moi l'idée de me plaindre, cela va sans dire, mais je n'avais simplement pas prévu de découvrir cette destination de rêve sans mon amoureux et en quatre jours chrono… Mais pas le choix, je devais être le dimanche suivant au fin fond du Chili, à Puerto Montt, seul créneau qui collait avec mon planning de folie.

Pour l'Amérique du Sud, j'avais donc un lieu, j'avais une date mais je n'avais pas de dossard pour autant. Avec mon niveau d'espagnol deuxième langue des plus pathétiques, j'avais fini par comprendre que les inscriptions à distance n'étaient pas possibles et que je devrais me rendre sur place avant 14 heures le jeudi juste avant la course en espérant pouvoir m'inscrire. Sauf que mon avion atterrissait officiellement à 10 heures du matin ce fameux jeudi. Inutile de vous dire que le stress d'un vol en retard ne m'a pas quittée de la nuit qui a précédé mon arrivée ! Vous me direz, je ne dors que très rarement dans l'avion…

Bref, j'arrive enfin sur les lieux de l'inscription et, munie du petit papier qui prouve que j'ai bien donné mes pesos pour pouvoir participer, il ne me reste plus qu'à aller sur la grande place (la « Plaza Mayor » pour faire locale !) pour retirer mon précieux dossard. Alors que je tends mon passeport à un gentil monsieur, je l'entends me répondre en français avec un accent charmant :

— Mais enfin qu'est-ce que vous faites là ?

Sympa l'accueil ! Je lui explique rapidement ma petite balade autour du monde et lui dis en souriant que je suis ravie de trouver quelqu'un qui parle ma langue. Et là il me répond :

— J'ai appris le français avec la Nouvelle Vague… Godard, Trintignant, Françoise Fabian… Vous connaissez ?

Alors là, dans la catégorie « rencontre improbable », celle-ci restera parmi les plus belles de mon existence. Parce que ça ne va pas s'arrêter là… Il me raconte qu'il est l'animateur de toutes les courses qui auront lieu le même jour que mon marathon et que ça lui ferait plaisir de me faire monter sur le podium pour que je puisse me présenter et dire quelques mots de mon aventure. Je lui réponds que je suis bien entendu partante tant qu'il assure un minimum la traduction et je repars, amusée à l'idée du temps qu'il va devoir m'attendre s'il veut vraiment me faire monter sur son foutu podium.

Le dimanche matin, quand j'arrive sur la grande place pour prendre le départ de mon marathon, il y a bien une arche mais aucun coureur à l'horizon. Je sais que c'est un petit marathon mais quand même ! Là, je retombe sur mon nouvel ami qui me reconnaît et m'interpelle en me demandant ce que je fous encore ici.

En deux secondes je comprends mon erreur : je me trouve sur le lieu de l'arrivée, le départ est, quant à lui, à l'autre bout de la ville ! Il siffle un taxi, me jette dedans, j'ai à peine le temps de lui dire que je n'ai rien sur moi pour le payer qu'il crie au chauffeur de filer, lui indiquant notre destination. Celui-ci va me faire vivre une traversée de la ville digne d'un *Fast and Furious* version latino qui s'achève par un freinage à l'arrache sur la ligne, sous les regards surpris de mes futurs coéquipiers de balade. Je suis dans les temps mais ça s'est joué à deux minutes. Mon chauffeur me crie « Bonne course ! » et me laisse partir sans payer. Quand je dis deux minutes, ce n'est pas du tout une expression puisque je suis arrivée précisément à 7 h 58 pour un coup de pistolet retentissant à 8 heures pétantes.

Le parcours s'étire dans la campagne environnante sans réel intérêt si ce n'est un détail qui tue : la présence de chiens errants un peu partout sur le bord des routes. Et moi j'ai peur des chiens dès que leur taille dépasse celle du yorkshire alors je cours le plus vite que je peux pour rejoindre la ligne d'arrivée, motivée par le désir de ne pas choper la rage en plus d'une nouvelle ampoule. J'en viens à bénir les ravitaillements, qui me permettent de voir des visages humains. Mais, hormis les bénévoles, pas une âme qui vive… Je ne pense qu'à une chose : si un chien m'attaque, à n'en pas douter, on ne découvrira mon corps au stade de décomposition avancée que dans plusieurs mois. Bien que je n'aie en réalité droit qu'à une indifférence totale de leur part, vous l'aurez compris, je ne suis pas rassurée.

Les dix derniers kilomètres se font le long du Pacifique, le vent de face, la mer agitée, j'essaye de réaliser que je suis bien là, moi Cécile au fin fond du Chili, en train de boucler le quatrième marathon de mon défi. J'assiste au loin à un baptême marin tout aussi surréaliste que le reste de la journée. Imaginez la scène : un groupe de personnes en aube blanche, dans l'océan, prient et chantent, pendant qu'un homme en plonge un autre dans l'eau glacée. Sans ce marathon, je serais allée les rejoindre, histoire de faire bénir mes pieds !

Quand enfin je passe la ligne d'arrivée, mon nouvel ami est bien là et, immédiatement, raconte, micro à la main, mon aventure autour du globe à la foule présente sur la place. En réalité, ce que je n'avais pas vraiment compris, c'est que ce jour-là était un peu la fête du village, une sorte de kermesse géante avec des courses de tous les niveaux (y compris pour les écoliers, du primaire au lycée), mais aussi des manèges et des stands à gogo. Les enfants sont là par centaines, avec leur T-shirt bleu, à encourager les marathoniens. Mais c'est lorsque le speaker me présente comme la « campeone del mundo[1] » des marathons que les événements prennent une tournure croquignolette. J'ai beau tenter d'expliquer que non je ne suis pas une championne ni du monde ni même de mon village, la foule a déjà envahi la zone du podium et en quelques secondes, sans que je comprenne ce qui m'arrive, on me met un feutre entre les mains et je me retrouve à dédicacer des dossards et autres T-shirts.

Une heure… Je suis restée une heure entourée d'enfants qui me regardaient comme une apparition.

1. Championne du monde.

Je ne savais plus quoi faire, alors j'ai fini par lâcher prise et vivre pleinement l'instant présent même si, franchement, à ce moment-là, je rêvais surtout d'une bonne douche et d'un Coca frais ! Le lendemain j'ai même eu droit aux honneurs de la presse locale avec ma photo en une du journal, ce qui m'a valu un accueil de star à la réception de mon hôtel, le personnel ayant enfin compris ce que je faisais dans leur jolie ville.

Le plus drôle c'est que quelques jours plus tard, alors que je finissais le marathon de Tokyo, des caméras et des journalistes présents en nombre sur la ligne d'arrivée semblaient guetter quelqu'un. Eh bien, pendant quelques secondes j'ai cru qu'ils étaient là pour moi ! En réalité ils attendaient un vieux monsieur qui venait de courir 42 marathons en 42 jours et qui était juste derrière moi… Bon, tant pis. Pas de selfie cette fois-ci, ma minute de gloire était déjà terminée !

Too hot !

J'en aurai vu et entendu des choses dans ma vie de runneuse qui parcourt le monde, mais j'avoue que la Chine ne m'a jamais déçue, repoussant encore plus loin les limites de la situation ubuesque. Parmi les grands moments que j'ai vécus, celui de ma descente d'avion pour aller courir la Maxi-Race dans la superbe région de Yangshuo restera inoubliable.

Il faut d'abord savoir qu'aller en Chine est loin d'être aussi simple qu'il n'y paraît. Il faut déjà obtenir un visa en remplissant un dossier qui n'en finit pas, avec copies des billets d'avion, réservations d'hôtels et j'en passe. Je ne vous raconte pas la fois où j'ai dû tenter d'expliquer la notion de voyage itinérant en camping et donc sans adresse physique réelle à l'employée que j'avais en face de moi… Maintenant j'ai réglé le problème et je me rends toujours directement au service des visas à Paris, acceptant de payer en plus l'envoi express qui me permet d'éviter que mon passeport se balade dans la nature, confié aux bons soins de la poste française… Voyageuse, certes, mais pas folle la guêpe !

Me voici donc enfin en Chine après un voyage forcément trop long durant lequel j'ai tenté de dormir comme j'ai pu pour éviter d'arriver épuisée avant mon objectif running. Je ne suis pas inquiète en descendant de l'avion, j'ai prévu large pour ma correspondance, ne voulant pas prendre le risque de manquer de temps. Je ne connais que trop ces sprints dans les longs couloirs d'aéroport où tu sais que si toi tu cours, ta valise, elle, ne le fera pas. C'est d'ailleurs également pour ça que j'ai appris à voyager le plus léger possible quand je dois prendre plusieurs vols, histoire de pouvoir emporter mon bagage avec moi en cabine et de ne plus vivre le stress de la valise partie toute seule en goguette dans la soute à bagages d'un avion dans lequel je ne me trouve pas. Plus sereine que moi à ce moment-là, tu ne peux pas !

Alors que je m'approche du guichet de contrôle des passeports, deux militaires s'avancent vers moi et l'un me dit :

— *Come with me, you're too hot*[1].

— Euh je ne vous permets pas, monsieur ! On se connaît à peine…

Et là, je comprends que ça n'est pas mon incroyable sex-appeal mais mon snobisme qui va peut-être me conduire à remonter dans l'avion plus tôt que prévu ! Je m'explique. Comme nombre de mes comparses, je suis frileuse et surtout, je me méfie comme de la peste de la climatisation en avion. Arriver enrhumée sur une course que vous avez préparée des mois, c'est vraiment ballot. Donc, au fil des années je me suis équipée d'une tenue de voyage ultra-confortable,

1. Viens avec moi, tu es trop chaude.

mais surtout ultra-chaude, que je complète d'un châle en pashmina pour éviter la couverture synthétique, reine de l'électricité statique. Car si la chanteuse Desireless, inoubliable interprète du tube interplanétaire *Voyage, Voyage* avait cette coupe, c'est évidemment parce qu'elle prenait l'avion régulièrement !

Seulement voilà, j'avais oublié l'existence du portique chinois qui détermine ta température corporelle à ta descente d'avion. Tout ce cachemire était certes très agréable mais il m'avait fait grimper à un petit 37,5 °C fort déplaisant du point de vue de mes amis policiers. Me voici donc dans une pièce digne des films d'espionnage avec deux militaires en face de moi qui tentent de communiquer avec moi à coups de Google Translate sur leur téléphone portable. Après un questionnaire en règle et l'étude approfondie de mon passeport pour vérifier que je n'ai pas été dans des pays interdits dans les mois qui précèdent, ils décident de reprendre ma température corporelle, de façon à vérifier si mon histoire de « Je me suis trop couverte de peur d'avoir froid » est véridique.

Prévoyante, à peine arrivée dans le bureau, j'avais enlevé un maximum de couches de vêtements. Après deux ou trois échanges toujours aussi surréalistes sur l'endroit où je dois me coller le thermomètre qu'ils me tendent, je comprends que ce sera sous le bras, c'est dire la fiabilité de la donnée sur laquelle repose mon avenir dans leur pays. Je ne prends aucun risque et je le coince très sérieusement sous mon aisselle pendant qu'ils lancent un chrono, au cas où j'essaierais de tricher. Dieu merci, mon stratagème d'effeuillage a fonctionné et ils me libèrent ! J'avoue que pour être vraiment sûre de pouvoir repartir, j'ai fait en sorte également de ne pas trop coller le thermomètre contre ma peau, on n'est jamais trop prudente. Je file sans demander mon reste, priant pour que le douanier veuille bien mettre un coup de tampon au plus vite sur mon foutu passeport. Et pensez à mon aventure, si un jour vos pas vous conduisent en Chine !

Oups, il y avait une liste ? C'était pas pour rigoler ?

2012. Je décide de participer à l'Atacama Crossing. J'ai déjà couru des trails en autonomie mais voilà, pour la première fois je pars avec une organisation anglo-saxonne, ce qui sous-entend que le règlement est en anglais et moi, à part savoir que « *Brian is in the kitchen* », je suis très vite perdue dans la langue de Shakespeare… Et c'est donc au Chili que je vais réaliser à quel point il est temps d'apprivoiser l'anglais et d'arrêter de penser que l'approximation est un mode de fonctionnement viable.

Mais avant toute chose, penchons-nous un instant sur cette obscure notion qu'est le matériel obligatoire ainsi que sur la question de l'autonomie. Sur certaines courses aujourd'hui, les organisateurs nous demandent de nous présenter munis de vêtements répondant à certaines normes d'imperméabilité ou de certains équipements de sécurité comme une couverture de survie, un sifflet et autres, de façon à ce que nous ayons toutes et tous le minimum vital pour pouvoir gérer seuls une urgence, le temps que les secours arrivent. Beaucoup le dénoncent, invoquant l'intelligence naturelle des coureurs, mais force est de constater que la course à pied développe les mollets et pas forcément les neurones ! Ces directives sont nées en France à la suite du drame du Mercantour où trois coureurs sont décédés durant la course en raison d'une détérioration subite de la météo. Bien que l'organisation ait réagi rapidement en bloquant la course et en tentant de rapatrier les coureurs en zone sûre, tout le monde n'a pas pu être prévenu et le pire est arrivé. Aujourd'hui, il est donc souvent exigé que nous ayons sur nous une tenue chaude complète, ce qui peut paraître un peu ridicule quand le baromètre est au beau fixe et qu'on a un téléphone portable allumé dans la poche nous permettant de recevoir les informations en temps réel. Cela n'est évidemment pas une assurance vie à 100 % mais je m'y plie avec bonne grâce sans aucun souci. Sauf qu'à ce petit jeu-là, certaines organisations ont poussé le bouchon un peu loin avec des listes qui n'en finissent pas et j'avoue que lors de cette première fois, j'ai un peu pris le truc à la légère, me contentant de ce que j'avais l'habitude de prendre avec moi sans tenir compte de ce qui était écrit sur cette foutue liste. Je m'étais dit naïvement que ça irait bien comme ça et j'étais surtout persuadée que nous serions tous dans le même cas. Il faut dire que les courses en autonomie sont déjà très compliquées d'un point de vue préparatifs puisque nous devons emporter de quoi nous nourrir pendant sept jours (merci le lyophilisé), de quoi dormir et de quoi nous soigner un minimum. Bref, tout ça pour dire que le sac est déjà par définition extra-lourd.

Dieu merci, j'ai quand même eu la riche idée de prévoir une journée d'escale à Santiago du Chili avant de rejoindre San Pedro de Atacama, charmante bourgade perdue au milieu du désert d'où débutera la course, et qui est un lieu idéal si on veut s'offrir un bonnet chilien en laine qui gratte, mais qui manque sérieusement de supermarchés et de rayons bricolage ! Comme souvent sur ce type d'événements qui attirent des fous furieux du monde entier, nous nous retrouvons la veille pour nous raconter nos petites histoires de dunes et pour terminer de préparer nos sacs ensemble. Cela donne parfois lieu à des déballages mémorables dans des chambres d'hôtels pas vraiment faites pour ça, et là, c'est Fabrice, un Français vivant au Luxembourg qui s'y colle, ce qui est logique puisque c'est justement lui qui m'a fait connaître cette course. Sa principale qualité (en dehors du fait qu'il arrive toujours à trimballer dans son sac à dos des minisaucissons qui font le bonheur des traileurs au bec salé), c'est qu'il est parfaitement bilingue. Note pour plus tard : penser à le consulter bien en amont du départ et non la veille !

Nous nous retrouvons donc à étaler tout notre bazar respectif dans ma chambre et à attaquer par la face nord cette saleté de liste ! Et chaque fois que je sors un truc de mon sac, j'entends immanquablement :

— Nan, ça va pas aller…

— Comment ça il faut 16 épingles à nourrice ? Mais ils vont vraiment les compter ?

— Ouais, ça va pas aller…

— Quoi une seconde lampe ? Elle n'est pas bien ma lampe de poche ?

— Nan, ça va pas aller…

— Ah mais c'était sérieux le coup des petits drapeaux de son pays à coudre sur les manches de nos T-shirts de course ?

— Très sérieux, ça va pas aller…

Je n'étais déjà pas très sereine, mais alors là c'est la panique totale ! Je passe l'après-midi à faire des allers-retours au centre commercial judicieusement situé juste en face de l'hôtel. Et je finis la journée en ayant des envies de faire bouffer à Fabrice sa satanée liste obligatoire tout en l'étranglant avec la sangle de mon sac à dos ! Heureusement qu'au bar de l'hôtel, ils font des mojitos de folie !

Le plus dingue, c'est que malgré ce check-up préventif, je trouve quand même le moyen de me faire retoquer le jour J à cause de mon flacon de gel hydroalcoolique qui ne fait pas 100 millilitres, comme demandé, mais seulement 50… Sérieux les gars, quoi ? Heureusement je réussis à trouver une pharmacie ouverte où je dégote le précieux sésame qui me permet de récupérer mon dossard.

Quant à cette histoire d'écussons aux couleurs de notre pays que je n'avais vraiment pas prise au sérieux, j'ai un moment envisagé de porter le drapeau du Chili qu'on trouvait dans les boutiques de souvenirs, jusqu'à ce qu'une amie luxembourgeoise de Fabrice me propose les siens. Elle ne pouvais pas prendre le départ pour des raisons médicales, mais les billets d'avion et l'hôtel étant payés, son mari et elle avaient décidé d'en profiter pour venir en vacances dans cette superbe région. Et, allez savoir pourquoi, elle avait embarqué avec elle ces fameux écussons. J'ai donc demandé l'asile politique au Luxembourg pendant une semaine. Pour l'asile fiscal de mon livret A, on repassera je crois ! Je voudrais bien pouvoir vous dire que depuis cet épisode, je suis devenue hyper stricte dans mes préparatifs mais hélas, quelques années plus tard, j'en suis toujours à faire des oublis qui me désespèrent et qui continuent à amuser la galerie.

La théorie du hamac

Le Jungle Marathon qui se déroule dans le nord du Brésil, au milieu de la jungle amazonienne, a, pendant des années, régulièrement été classé parmi les courses les plus dures au monde. Alors la plus dure je ne sais pas, mais celle qui m'aura le plus marquée, c'est certain. Je crois que parmi les trucs les plus débiles que j'ai pu faire dans ma vie, mon amateurisme en matière de préparation pour le Jungle Marathon arrive en tête !

J'avais déjà eu la chance de courir un peu partout dans le monde, mais il me restait la jungle comme terrain de jeu inexploré. J'avais fini par oublier ce projet, manquant d'énergie pour chercher des sponsors, jusqu'à ce que je tombe sur le post Facebook d'un ami ultra-traileur comme moi, qui annonçait qu'un dossard serait offert à la première personne de sexe féminin qui se présenterait au Jungle Marathon. En deux secondes, j'avais appelé et remporté le gros lot. Restait un mois pour : convaincre mon cher et tendre que je ne risquais rien du tout et que la jungle, ça n'était ni plus ni moins qu'une forêt un peu plus verte que la forêt de Tronçais ; organiser le voyage, ce qui n'était pas non plus une mince affaire ; et surtout réunir le matériel.

Car cette course nécessitait justement une liste de matériel obligatoire (notion à laquelle vous êtes parfaitement aguerris, maintenant) quelque peu originale. Si dans le désert on nous fournit toujours une tente plus ou moins sommaire, pour la première fois de ma vie j'allais devoir transporter mon lit (à savoir un hamac) dans mon sac à dos, puisque dormir par terre au milieu des insectes géants et autres jaguars ne semblait pas être une bonne idée.

Seulement, qui dit transport dans son sac à dos dit gestion du poids… Il me faut donc un hamac à la fois solide, léger et facile à installer. Comme je n'y connais absolument rien dans le domaine, je me mets à traîner sur les blogs de routards sur lesquels la même référence revient encore et encore. C'est toujours un bon signe, mais je déchante très vite car le prix du bébé est un peu trop élevé pour mon budget serré. Heureusement pour moi, grâce à la petite réputation que je commence à me tailler dans le métier, la marque accepte de me prêter, le temps de ma balade, un superbe modèle bleu turquoise qui sera du plus bel effet au milieu de la jungle. Il paraît qu'il est très simple à fixer, ça tombe bien, je n'ai pas le temps de le tester dans mon jardin avant de partir, on verra bien sur place ! J'arrive à monter un meuble Ikea toute seule, je vais bien réussir à accrocher deux bouts de ficelle dans un arbre, non ?

J'imagine naïvement qu'à mon arrivée sur le camp, j'aurai tout le temps d'apprendre à installer mon lit. J'ai juste zappé que, pour rejoindre notre premier camp justement, nous débutions notre périple par une croisière nocturne. J'avais bien compris que nous prendrions un bateau mais, allez savoir pourquoi, j'imaginais des cabines (même sommaires) pour nous abriter. En réalité notre embarcation ressemble à celles qu'on voit dans les reportages de *Thalassa*, ouverte aux quatre vents avec des poutres pour permettre de s'amarrer. Nous montons à bord en pleine nuit et mes petits camarades de jeu, plus informés que moi, se précipitent pour choisir la meilleure place. En deux secondes, je suis là, comme une cruche sur le ponton à me demander ce que je dois faire. Heureusement un coureur me prend en pitié et m'informe que sur le pont supérieur il reste un peu de place. Je file sans demander mon reste, bien décidée à jouer des coudes s'il le faut.

Seulement il reste un problème de taille : je ne sais pas du tout comment je dois accrocher ce foutu hamac ! Je sors ma frontale (il fait nuit noire, forcément, sinon ça ne serait pas drôle) et je tente de comprendre le mode d'emploi dessiné sur le petit sac qui contient les cordages. Ça a l'air presque trop simple pour être honnête ce truc-là. Très vite, je réussis à fixer mon hamac, mais le stress me paralyse et je suis incapable de me lancer en m'allongeant dedans. Déjà, une marque de hamacs qui s'appelle « Ticket to the moon[1]», ça aurait dû m'interpeller… Ils ont choisi ce nom parce que chaque fois que tu t'assieds, tu te retrouves les quatre fers en l'air face à la *moon*, c'est ça ? Bon OK, il faut arrêter de réfléchir : un, deux, trois, je m'assieds… Un, deux, trois, je suis toujours les fesses dans la toile et non par terre, tout va bien, ça tient ! Sauf que dans la panique, je n'ai pas réalisé que je parlais à voix haute. Un des membres

1. Ticket pour la lune.

de l'organisation qui est en charge du camp itinérant a repéré mon petit manège. Il me surnommera « Un, deux, trois » pendant tout le trail, mais aura aussi la gentillesse de toujours me réserver une place à l'écart des ronfleurs, pour que je sois tranquille.

À ma grande surprise, j'ai adoré cette expérience du hamac. À l'abri dans mon berceau bleu turquoise, j'ai dormi comme un bébé pendant toute la traversée, puis tous les autres soirs, y trouvant refuge pour admirer le coucher du soleil sur le fleuve Amazone tout en dévorant un plat lyophilisé au goût improbable, avec les bruits des animaux de la jungle en bande-son.

L'Attaque des guêpes tueuses ou quand un navet devient réalité

Comme je l'ai évoqué précédemment, le Jungle Marathon a été pour moi l'occasion de repousser mes limites et de vivre une expérience unique au monde. Je rêvais de réveiller l'Indiana Jones qui sommeillait au fond de moi, mais si j'avais su ce qui m'attendait, je crois que je l'aurais laissé pioncer tranquille dans son coin ! Bref, après une première nuit sur le fleuve, je découvre le village perdu au milieu de la jungle qui nous servira de camp de base jusqu'au départ. Je découvre aussi la température élevée de l'eau de l'Amazone qui est presque pénible, tellement la chaleur et l'humidité ambiantes donnent des envies de bain frais. Et, une fois mis le pied à terre, je découvre surtout le briefing sécurité le plus long auquel j'ai pu assister ! On nous met notamment en garde contre les animaux dangereux, les insectes amateurs de sang humain et les plantes exotiques qui, au choix, coupent ou irritent. On n'en voit tellement pas le bout que je finis par lever la main pour demander ce qu'on peut toucher ! Mais dans quoi me suis-je encore embarquée ?

Pour vous donner une petite idée de la rigolade, la première journée de course est ponctuée de deux arrêts obligatoires de 20 minutes, pendant lesquels vous devez attendre gentiment que le médecin qui a pris vos constantes à l'arrivée au ravitaillement vous donne l'autorisation de repartir quand le temps imparti est écoulé. Pourquoi cette mesure de précaution ? Parce que les années précédentes, l'organisation avait trop d'évacuations sanitaires le premier jour ! Charmant. Au moins, on est tout de suite mis dans l'ambiance. Et puis surtout, on nous a bien prévenus : plus d'évacuation possible passés les premiers jours ! Autant dire que la notion d'urgence perd carrément tout son sens. Même si, évidemment, une équipe médicale nous accompagne, elle n'a en réalité aucun moyen de faire face à un problème grave (contrairement, par exemple, aux médecins du Marathon des sables, qui embarquent un bloc opératoire dans la caravane des coureurs au cas où et disposent de deux hélicoptères).

En attendant, la course se passe plutôt mieux que je ne m'y attendais. Déjà parce que, à ma grande surprise, je suis deuxième féminine, et que même si j'en bave sérieusement sur le terrain, je m'accroche à l'idée de conserver ma place jusqu'au bout. Tiens en parlant de bout, c'est plutôt celle avec un *e* à la fin qui fait partie de mon quotidien. Enfin ce n'est pas de la boue à proprement parler, mais une sorte de masse gluante composée de végétation en décomposition, dans laquelle je m'enfonce parfois jusqu'à mi-cuisse et dont il faut s'extraire en s'accrochant à ce qu'on peut. Mes pauvres cuisses qui sont griffées façon « Oh oui fouette-moi encore, j'adore »... Et je ne parle même pas de mes pieds qui sont en voie de putréfaction ! Mais en dehors de ça, tout roule.

Jusqu'au jour de l'étape longue de 80 kilomètres qui marque le début de mes vrais ennuis. Alors que je me trouve en pleine jungle, tentant de me frayer un chemin entre deux arbres déracinés, j'entends un bruit sourd, immédiatement suivi d'une sensation de brûlure sur tout mon corps ou presque. Mon instinct de survie, stupide je le concède aisément, me fait immédiatement attraper ma gourde d'eau pour essayer de stopper cette douleur infernale en m'arrosant. Heureusement, l'adrénaline agit rapidement et me permet de me ressaisir et d'analyser ce qui m'arrive. Je comprends que j'ai involontairement cogné un nid de guêpes *Pepsis* (rien à voir avec le concurrent de la célèbre boisson gazeuse, croyez-moi !), qui ont moyennement apprécié la blague et qui se sont vengées. Je recense une quinzaine de piqûres sur les zones de mon corps qui n'étaient pas recouvertes de tissu. J'enlève les dards comme je peux et surtout j'essaye de reprendre mes esprits.

Je suis assise sur un tronc d'arbre, priant pour qu'une famille de fourmis rouges ne surgisse pas pour m'achever, lorsque je constate que ma main droite commence à gonfler sérieusement. Doucement mais sûrement, le gonflement monte sur mon bras. J'observe mes genoux qui sont atteints eux aussi (j'ai plusieurs piqûres à l'arrière des jambes) et soudain, je prends conscience que je suis peut-être tout simplement en train de faire un œdème de Quincke. Ça m'est déjà arrivé donc je connais les symptômes, mais surtout, je sais parfaitement que je n'ai absolument rien sur moi pour me soigner, qu'il n'y a personne à des kilomètres à la ronde et que je ne peux joindre aucun secours. Et là, le premier truc qui me vient à l'esprit, allez savoir pourquoi, personnellement je cherche encore, c'est : « Dommage, je vais mourir sans être allée dîner chez Thierry Marx, au Mandarin Oriental ! »

Oh je sens bien que vous vous dites : « Quel monstre, elle ne pense même pas à ses enfants ! » Mais en réalité, depuis le 11-Septembre et les événements tragiques que l'on connaît, j'ai pris l'habitude de ne jamais monter dans un avion sans leur dire combien je les aime et combien je suis fière d'eux. Je ne veux pas que les derniers mots qu'ils aient entendus de moi soient « Range ta chambre » ou « Mais c'est quoi cette note en math ? ». J'ai donc l'esprit serein à ce moment précis, ce moment où je compte les minutes pour savoir si les gonflements vont finir par atteindre ma gorge et m'étouffer à petit feu. Cinq minutes, dix minutes... Quinze minutes, je respire toujours. OK je peux repartir, je ne devrais pas mourir aujourd'hui.

J'ai deux poteaux qui me font atrocement mal à la place des jambes, mais j'avance coûte que coûte : il en va de ma survie puisque je n'ai presque plus d'eau. Je dois absolument rejoindre le plus vite possible le prochain ravitaillement. Mon salut viendra finalement d'un autre coureur que je croise par miracle ! Il a de l'eau pour deux et n'hésite pas une seule seconde à la partager avec moi. Je ne suis plus seule, et non seulement je ne vais pas mourir, mais je peux même finir la course. Ce que je ferai deux jours plus tard, les jambes toujours déformées, mais ma deuxième place conservée !

Aujourd'hui, j'ai toujours les marques des morsures de ces foutues bestioles qui apparemment vous arrachent un bout de peau avant d'y enfoncer leur dard. Le plus marrant c'est qu'à l'époque, je suis rentrée chez moi sans avoir réellement identifié mon prédateur. Ce n'est que plusieurs mois plus tard, alors que je me baladais en famille dans une salle du Muséum d'histoire naturelle de Paris que, dans une vitrine, j'ai reconnu mon agresseur épinglé parmi ses congénères. Le nom de cette vitrine ? « Les dix piqûres d'insectes les plus douloureuses au monde ! » La guêpe *Pepsis* (j'ai découvert son petit nom à cette occasion) est sur la deuxième marche du podium, juste derrière la fourmi « bang-bang » qui tient son joli surnom du fait que l'on considère que la douleur de son attaque ressemble à s'y méprendre à celle d'une balle de fusil… Inutile de vous préciser que depuis cet épisode cuisant, pour moi, la jungle, c'est fini !

UN MONDE PARALLÈLE

Quand on débute la course à pied, on n'imagine pas une seule seconde ce que ce sport peut nous amener à faire. Je me suis découvert une passion pour les compotes, mon dressing a explosé (le premier qui me ressort que le running est un sport économique, je lui fais bouffer mes T-shirts !), et je connais même le poids de mes culottes… Bref, en plus d'avoir des mollets carrément plus musclés qu'avant, j'ai aussi par moments le sentiment que je suis bonne à enfermer !

Ravito en mode régressif

Lorsqu'on commence à courir, on s'aperçoit rapidement qu'on est en train d'entrer dans une secte étrange… D'abord on adopte un uniforme précis, indispensable pour avoir une chance de se faire des amis. Ensuite, on comprend très vite que non seulement on va devoir s'entraîner dur, mais qu'en plus il va falloir faire attention à ce qu'on mange avant, pendant et après l'effort. Bon, la raclette juste avant le footing, pas la peine d'avoir un bac + 5 en nutrition pour comprendre que ça ne le fait pas. Mais pendant ? On mange quoi, pendant ? Vous le savez, vous ?

C'est là que j'ai appris avec surprise que des marques avaient réfléchi à la question avant moi, et qu'elles avaient notamment créé un produit appelé « gel énergétique » qui ressemble comme deux gouttes d'eau à celui qu'on se colle dans les cheveux, mais version parfumée (même si parfois, on se demande si ça n'a pas le même goût !). Comme beaucoup de débutants je pense, j'ai exploré toute l'offre immense qui existe en me désespérant de trouver gel à mon palais… C'est finalement en ayant la chance de courir de l'autre côté de l'Atlantique que je découvre avec bonheur que certaines marques proposent des gels sous forme de bonbons au goût de cola très proches des célèbres bonbons que nous connaissons tous. Aussitôt goûtés, aussitôt adoptés ! Seulement voilà, en France, à ce moment-là, je savais qu'on n'en trouvait pas et je me voyais mal passer la frontière avec une valise remplie à ras bord de mes nouvelles gourmandises. Allez expliquer ça au douanier !

Voilà comment mon cerveau, resté bloqué dans la cour de mon école primaire, s'est réveillé : quitte à manger des trucs parfumés aux bonbecs, autant gober les originaux plutôt que leur pâle copie, aussi énergétique soit-elle ! Direction le rayon de mon supermarché pour remplir mon panier des merveilles dont Haribo a le secret. Je me suis d'ailleurs aperçue depuis que j'étais loin d'être la seule à me ravitailler de cette façon régressive à souhait. Une de mes amies a ainsi fait tout le Marathon des sables la poche ventrale de son sac à dos remplie de bananes et autres fraises, tout sauf naturelles ; et avec un certain succès si l'on en croit la ribambelle de coureurs qui ne la lâchaient pas d'une semelle. Ils jouaient même les assistants personnels sur le camp tous les soirs dans le secret espoir de pouvoir les suivre le lendemain, elle et ses précieux bonbons.

Plus tard, à l'autre bout du monde, en Antarctique, je sympathise sur le bateau avec une Américaine, physiothérapeute de son état. À voir son physique, je suppose qu'elle fait partie de la catégorie des élites, ce que le podium confirmera puisqu'elle grimpera avec une facilité déconcertante sur la première marche. Alors que nous préparons nos petites affaires, je la vois remplir un sac entier de M&M's colorés.

— Ce sont des vrais ?

— Évidemment ! Je ne carbure qu'à ça : cacahuètes, chocolat, gras, sucres rapides, tout y est ! Ton corps et ton esprit sont parfaitement rassasiés grâce à eux.

— Ah mais tu m'intéresses grandement, là !

Elle me propose une petite dose pour tester, que j'accepte avec grand plaisir. Me voilà donc partie pour courir 42 kilomètres avec des manchots et des ravitos en mode choco. Inutile de préciser que j'ai non seulement adoré mais qu'aujourd'hui encore, je ne prends pas le départ d'un ultra sans mes paquets de M&M's. Si vous saviez le nombre de coureurs abandonnés que j'ai sauvés avec ces billes colorées ! Vous verriez leurs yeux briller lorsque je leur dis ces mots magiques :

— J'ai des M&M's, t'en veux ?

— Sérieux ? Oh merci tu me sauves la vie !

Autre bonne surprise découverte au hasard du marathon du Médoc cette fois : ma passion pour les compotes en gourde. En plus du pinard, des huîtres, du bœuf grillé, des filets de canard et de l'incontournable barquette de frites qui sont proposés aux ravitaillements de cette course tout en légèreté, un sponsor occasionnel offre des compotes sur le parcours. Et là, ô joie, ô bonheur, ça passe super bien ! Précisons que j'étais sur ce marathon pour préparer mon objectif de l'année, un 100 kilomètres à Millau qui avait lieu quelques semaines plus tard, et que sur les routes aveyronnaises, les fameuses compotes allaient me sauver la vie. Mon mari m'accompagne à vélo sur cette épreuve. Alors que nous attaquons la deuxième partie, j'ai subitement des envies de compotes, là, tout de suite, maintenant. Autant vous dire qu'après avoir eu quatre enfants avec moi, mon mari est aguerri à la gestion de ce genre d'envies ! Ni une ni deux, le voilà qui fonce chercher une épicerie dans le village suivant, et je le vois revenir fier comme Artaban avec un pack familial de vingt-quatre compotes sur le porte-bagages. Je n'ai évidemment pas tout mangé, ce qui nous a permis de sauver bon nombre de coureurs en manque de sucre dans la dernière montée. Je le revois encore aborder les marcheurs d'un « Tu veux de la compote ? J'en ai de la bonne à l'arrière ! ».

Sous les jupes des runneuses

Remettons-nous dans le contexte : je commence tout juste à courir et, croyez-moi sur parole, question shopping, à l'époque, on était très loin de la *fashion victim* quand on se mettait au running. Pour résumer, et en caricaturant à peine, les marques proposaient les mêmes vêtements que pour les hommes mais en rose, des fois qu'on n'aurait pas compris le message. Ça me désespérait totalement, mais je m'accrochai à l'idée que j'étais une sportive et que mon kif c'était d'arpenter les routes bitumées, pas les podiums des défilés !

C'est finalement le marathon du Médoc qui sera à l'origine de beaucoup de bouleversements dans ma façon de courir, de m'alimenter et même de me vêtir. Sa grande particularité, en plus de nous ravitailler à coups de gras et de boissons alcoolisées, c'est d'imposer (ou tout du moins de vivement encourager) de le courir déguisé. Et, afin de pimenter le tout, un thème différent est choisi pour chaque édition. Cette année-là, ce sera thématique « western » ! Je passe donc tout l'été sur les sites de déguisements à chercher de quoi m'habiller. L'exercice est loin d'être évident parce que, blague à part, je ne perds pas de vue qu'il va quand même bien falloir courir 42 bornes, ce qui n'est pas rien. Mon choix s'arrête sur un classique costume de « cow-girl » blanc et rose qui fera bien l'affaire. Seulement à choisir du pas cher, on se retrouve souvent avec un truc pas très qualitatif. Et lorsque j'enfile ma tenue pour la première fois, je panique : cette jupe est certes charmante mais elle a des coutures partout, pas de short en dessous et, évidemment, elle est faite pour tout mais sûrement pas pour courir.

Je suis désespérée et tout sauf inspirée, quand, là, devant ma télé, j'ai une révélation en regardant d'un œil distrait une compétition de tennis féminine ! Nan mais attends, les filles portent des jupes conçues pour le sport, non ? Et jusqu'à preuve du contraire, Serena Williams court sur le court (je sais ça fait bizarre d'écrire ça !), elle ne reste pas assise sur une chaise à attendre que les balles lui arrivent directement sur la raquette. Ni une ni deux, je file au grand magasin de sport le plus proche et je trouve enfin ce que je cherchais : une jupette de tennis blanche idéale pour parfaire ma tenue en mode sécurité mais lookée.

À la fin de mon marathon déguisée je suis conquise. Non seulement la jupe, c'est joli, mais surtout, c'est pratique. Moi qui ne suis pas très à l'aise avec mon corps qui a quand même mis au monde quatre superbes enfants, le minishort de cross ne m'a jamais emballée. Et comme le collant long ne fonctionne pas pour toutes les saisons, j'ai, avec la jupe, déniché la pièce parfaite pour compléter ma garde-robe estivale. Ça deviendra ma tenue fétiche, presque mon signe de reconnaissance sur les courses. Je suis « la fille qui court en jupe ».

Plus tard, lors d'un voyage aux États-Unis, j'ai découvert que j'étais loin d'être la seule. Il existait déjà là-bas des marques spécialisées dans ce domaine. Il y avait même un club, celui des « Runningskirts », qui était présent sur pas mal de compétitions. Puis, très vite, comble de joie, on a commencé à voir arriver en France des jupes de course, conçues vraiment pour ça avec des poches cousues dans le bon sens (puisque nous n'avons pas besoin de trimballer nos balles de tennis, nous). Et n'allez pas croire que cela soit l'apanage des filles qui ne courent pas vite… Kristin Moehl s'offre en 2009 une superbe victoire sur l'UTMB en jupe !

« On n'est jamais trop ni pas assez habillée avec une petite robe noire »

Cette phrase n'est pas de moi mais de Karl Lagerfeld et me permet de faire un petit clin d'œil indirect à Coco Chanel, qui a débuté son œuvre à Moulins, en Allier, là où j'ai moi-même commencé à courir (on a aussi Vichy dans notre département mais on s'en vante un peu moins !). Elle chante au Grand Café pour se faire un peu d'argent devant les soldats en poste dans la caserne de la ville. Un officier la remarque et la suite, vous la connaissez. Elle décida de le suivre, il l'aida à débuter sa carrière, son destin était lancé… Le plus dingue c'est qu'aujourd'hui, la fameuse caserne est devenue le Centre national du costume de scène, mais je m'éloigne de mon sujet !

Puisque la jupette de tennis remplissait parfaitement son rôle d'accessoire de running, j'ai très vite louché vers la robe, partant du même constat que, si ça marchait pour Serena, ça marcherait forcément pour moi ! J'ai donc commencé par un basique, le truc que toute femme se doit d'avoir dans son dressing : la petite robe noire, simple, classe. Il ne manquait que le collier de perles et j'avais tout bon. Très vite, je suis totalement conquise par les sensations que je ressens quand je cours en robe. Plus d'élastique à la taille, ça flotte, l'air circule, j'ai un sentiment de liberté absolue même si, théoriquement, il y a quand même un short en dessous. Sauf que très vite, j'opte pour un modèle sans short, me contentant de porter un shorty sans coutures type sous-vêtement. J'adore ! Évidemment je ne passe pas inaperçue… Déjà qu'en jupette, je me sentais souvent seule, mais je vous laisse imaginer la tête des gens quand je me mets à débarquer en robe sur la ligne de départ.

Des années après mes débuts, je me suis lancée sur des trails totalement dingues, au cours desquels on traverse des déserts en autonomie. Et quand on doit porter soi-même toutes ses affaires pour une semaine, la question du poids du sac à dos devient carrément vitale. Tout ça n'est qu'un juste équilibre à trouver entre ce qui est indispensable pour survivre et ce qui relève du confort. C'est là qu'intervient la notion de « tenue de camp ». Lorsque vous rentrez après une journée à crapahuter dans le sable, sous une chaleur accablante, vous avez deux écoles qui s'affrontent : ceux qui ne voient pas l'intérêt de se laver ou tout du moins de faire un minimum de toilette avec le peu d'eau dont on dispose et qui restent dans leur jus toute la semaine (à fuir à toutes jambes parce que l'histoire qui dit qu'on ne sent pas les odeurs dans le désert, c'est une légende urbaine, comme les crocodiles dans le métro new-yorkais !), et ceux qui tentent de retrouver un peu de dignité en se rinçant et en se changeant pour la soirée autour du feu de bois. Inutile de vous préciser que je fais partie de la deuxième équipe ! Et c'est à cette occasion que j'ai pensé à l'une de mes petites robes de running, ultra-fine, ultra-légère, toute simple mais super confortable. C'est comme ça qu'on m'a vue un soir débarquer en plein désert avec une jolie robe digne d'une soirée mondaine parisienne ! Tout le camp était en émoi, les filles voulaient toutes connaître la marque, les hommes semblaient ravis. J'étais devenue « *the girl with the little black dress*[1] ».

On se rappelle rarement mon prénom, imprononçable pour nombre d'Anglo-Saxons, mais si vous saviez le nombre de fois que j'ai entendu :

— *Oh you're the girl with the little black dress !*

Il faut dire qu'elle ne quitte plus mon sac à dos !

1. La fille à la petite robe noire.

Le jour où j'ai pesé mes culottes

Il y a ces moments étranges où tu te retrouves à courir comme un hamster asthmatique autour d'une piste d'athlé à la nuit tombée en te demandant ce qui s'est passé dans ta vie pour que tu en arrives là. Il y a aussi ces moments où tu utilises des sigles mystérieux à longueur de conversations comme FCM[1], VMA[2] et où tu comprends que ton entourage, justement, ne te comprend pas ! Et puis il y a surtout le jour où tu te retrouves dans le rayon lingerie d'un célèbre magasin suédois de vêtements pas chers avec ta balance alimentaire pour peser leurs culottes, et là tu te dis que tu as réellement basculé dans le grand n'importe quoi…

Vous le savez maintenant, lorsqu'on prépare des courses extrêmes à l'autre bout du monde, la plus grosse problématique que l'on rencontre ça n'est pas vraiment l'entraînement (on réalise vite que, de toute façon, on ne sera jamais vraiment prête physiquement à affronter 250 kilomètres dans le sable bouillant). Non, le plus stressant c'est la gestion du sac à dos

1. Fréquence cardiaque maximale.
2. Vitesse maximale aérobie.

qu'on devra porter pendant sept jours et dans lequel on doit ranger de quoi manger, de quoi dormir, de quoi se vêtir, de quoi se coiffer, se « crémer »... bref tout ce dont on a besoin pour vivre pendant cette semaine, eau et tente non comprises, Dieu merci !

Le souci premier est donc de trouver tout le matériel nécessaire. Le deuxième est de faire rentrer la totalité dans ledit sac, ce qui me fait systématiquement regretter d'avoir choisi le pseudo de Barbie et non celui de Mary Poppins ! Le troisième – et non des moindres – est de réussir à préparer un sac qui ne pèse pas des tonnes, de façon à ne pas me retrouver comme un Bidibule à peine le truc mis sur mon dos. Là, seuls les plus anciens voient de quoi je parle, mais les Bidibules étaient des petits personnages qui basculaient d'avant en arrière ; ça ne servait strictement à rien mais ça a fait le buzz dans les années 1970. Oui, oh, bon, ça va, j'ai 48 ans et les références qui vont avec, c'est une réalité, je dois l'assumer.

Mais revenons-en à mon sac à dos ! Très vite, lorsque j'ai plongé dans cet univers parallèle, j'ai compris que ça allait être beaucoup plus compliqué que je ne le pensais. J'ai alors cherché autour de moi plein de conseils auprès des plus expérimentés que moi, ce qui n'était pas très difficile puisque je partais de zéro. J'ai rapidement intégré que, question confort, il y avait des choses auxquelles j'allais être obligée de renoncer. Mais j'ai aussi réalisé que, de mon côté, il y avait justement des choses auxquelles je n'étais pas du tout prête à renoncer, comme l'hygiène. Pas de déodorant, OK, mais pas de savon, ça jamais ! Je me suis toujours lavée tous les jours pour garder un minimum d'humanité, utilisant les petits savons honteusement piqués dans les salles de bains d'hôtels. Mais question textile, il fallait jouer serré… Parce que figurez-vous que six culottes, ça pèse son poids et que couper les étiquettes ne suffit pas ! Mon idée était donc de me débarrasser chaque soir de celle portée dans la journée. Je vous rassure, je ne les jetais pas au milieu du désert, les déchets sont systématiquement récupérés et incinérés pour que notre impact sur l'environnement soit le moins important possible. Quiconque est surpris à jeter quelque chose par terre volontairement est immédiatement disqualifié et, au prix de ces courses, croyez-moi sur parole, personne ne s'amuse à ce petit jeu-là.

Voilà donc comment je me suis retrouvée assise par terre avec ma balance à la recherche de la culotte la moins chère et surtout la plus légère du magasin, priant pour que personne ne me surprenne dans mon curieux petit manège. C'est fou quand même parce que, dans l'univers dans lequel je gravite aujourd'hui, tout le monde trouve tout à fait normal de savoir combien pèsent son T-shirt et son duvet avec une précision inouïe. Je me demande souvent si les hommes que j'ai en face de moi (nous ne sommes que très peu de femmes au bout du compte) connaissent aussi bien le poids de leur premier-né ! La plupart tiennent des tableaux Excel, coupent leur brosse à dents pour gagner 4 grammes, certains ne se lavent même pas et ne voient pas du tout où est le problème… Mieux, ils ont payé une fortune pour vivre ça !

Le jour où j'ai lavé ma culotte dans une cour de ferme

Restons sur le thème des petites culottes puisqu'elles m'ont fait vivre des moments décalés qui valent la peine d'être racontés.

2012. Je pars courir en Gobi, une région du monde dont je ne sais encore rien, hormis qu'elle constitue l'un des plus grands déserts de notre planète. Il faut replonger dans l'histoire pour comprendre la complexité politique et religieuse du Gobi. À cheval entre la Chine et la Mongolie, ce territoire est occupé par des peuples qui sont loin d'être aussi mêlés qu'on pourrait s'y attendre et qui cohabitent plus qu'autre chose, chacun ayant conservé sa culture et ses traditions. Il ne faut donc pas s'étonner de voir des femmes voilées et des mosquées au fin fond de la Chine héritière du communisme laïque de Mao.

Le premier soir de la course, pour une fois, nous ne dormons pas sous une tente mais sommes hébergés dans un village par des paysans qui nous font un excellent accueil, ravis de la manne providentielle que représente notre présence. Il n'y a ni l'électricité ni l'eau courante dans les maisons, en revanche, un robinet trône dans la cour entre les fermes et nous permet de nous rincer et de laver notre linge.

Le lendemain, nous ne logeons plus chez l'habitant, mais le camp est installé à proximité d'un autre village. L'organisation nous a prévenus à demi-mot que, cette fois, nous sommes en territoire musulman et qu'il faudrait en tenir compte si par le plus grand des hasards nous étions amenés à croiser des habitants. Bien résolue à profiter jusqu'au bout du confort de la civilisation (je sais que les nuits suivantes nous allons plonger dans le désert pur et dur), c'est d'un pas décidé que je me dirige vers la ferme la plus proche dans l'espoir de trouver un robinet dans la cour pour laver mon petit linge. Je pars seule en embarquant les affaires d'un camarade à qui j'ai interdit de me suivre, convaincue qu'une femme seule avait de meilleures chances de se faire accepter. Et mon intuition se confirme puisque les hommes de la famille, après m'avoir observée mimer une lessive, me laissent entrer dans la cuisine.

Je me retrouve alors face à un groupe de femmes et d'enfants en train de préparer des montagnes de pâtes ou tout du moins quelque chose s'en rapprochant. Je reprends mon mode « mime Marceau » pour tenter de me faire comprendre et l'une des femmes finit par se lever. Elle m'emmène dans la cour, attrapant une bassine en passant. D'abord ravie qu'elle semble avoir compris ce que je lui demandais, je vais très vite me retrouver dans une des situations les plus gênantes de ma vie. En la voyant donner des ordres aux autres femmes de la famille pour qu'on m'apporte de la lessive et un bidon d'eau, je comprends brutalement que de robinet, elles n'en ont pas, et que l'eau, elles vont la chercher je ne sais où, mais pas du tout à côté, c'est certain, puisqu'on ne voit aucune maison aux alentours et encore moins de rivière ou de puits ! Je sais que ce sont forcément elles qui sont de corvée d'eau, je sais aussi que ces femmes sont allées loin pour remplir ces bidons, et je suis là, pauvre petite fille riche, à les vider pour rincer ma culotte…

Je ne sais pas comment leur dire que si j'avais su, jamais je n'aurais demandé d'eau et que je suis désolée. Mais il est trop tard : elles sont toutes là, autour de moi, avec un sourire rayonnant, tentant de me parler. Les enfants sont là aussi et me caressent les cheveux, sans doute fascinés de voir leur première blonde aux cheveux longs. Elles me font ce cadeau inestimable, je ne peux pas le refuser, d'autant plus que c'est moi qui l'ai demandé. Je renonce donc à me faire comprendre et je me dépêche, prenant le moins d'eau possible évidemment. Quand l'une d'elles me propose un bol de soupe garni des fameuses pâtes fraîches, je ne tente pas non plus de leur expliquer que, théoriquement, je n'ai le droit de manger que ce que j'ai dans mon sac à dos. Au diable le règlement ! Être impolie envers ces femmes qui m'ont accueillie chez elles est tout simplement inimaginable.

Elles me raccompagnent finalement à la bordure de la propriété pour me dire au revoir. En les quittant, je sais que ce que je viens de vivre au milieu de cette cour de ferme restera un des moments les plus forts de mon existence.

Le jour où j'ai cru mourir sur le scooter d'un policier

Restons en Gobi qui, décidément, est une région où tout est possible ! Avant de me retrouver dans la course, il m'a déjà fallu faire un long périple et prendre quelques avions, pour rejoindre la ville qui servira de point de départ aux bus qui nous emmèneront dans le désert. Je suis avec un ami français et lorsque nous arrivons à la nuit tombée, nous sommes tous les deux affamés.

Très vite, nous comprenons que le restaurant de notre hôtel est déjà fermé et que le *room service* est inexistant. Dans une espèce d'élan de naïveté totalement confondant, nous partons alors arpenter les rues avec le secret espoir de trouver une table et même, pourquoi pas ? du riz cantonais… Quitte à être dans la caricature, autant y aller carrément ! Force est de constater qu'on dîne tôt en Gobi : tout est fermé ou sur le point de fermer. Au bout d'une longue exploration des rues qui bordent notre hôtel, nous finissons par apercevoir quelques tables en plastique dans une cour ainsi que ce que certains pourraient qualifier de « frigo » avec des brochettes de viande prêtes à être grillées à l'intérieur, le tout avec un niveau d'hygiène qui ferait faire un AVC à Philippe Etchebest. Mais nous avons faim et nous sommes prêts à tout pour nous alimenter !

Inutile de vous préciser qu'aujourd'hui encore, nous sommes bien incapables de dire ce que nous avons mangé exactement ce soir-là et très sincèrement, je préfère ne pas le savoir. Toujours est-il qu'une fois nos ventres remplis, nous nous retrouvons au beau milieu de la nuit à chercher désespérément notre hôtel, notre quête pour nous rassasier nous ayant carrément éloignés de nos chambres à coucher. Évidemment, j'ai suivi aveuglément mon guide d'un soir, et, évidemment, comme chaque fois qu'on fait confiance à un homme pour l'orientation, on s'est retrouvés très rapidement totalement paumés !

Et allez demander votre chemin à des gens qui ne parlent pas du tout votre langue et encore moins l'anglais… Je finis par prendre les choses en main, n'ayant pas du tout envie de passer la nuit dans la rue à errer comme une âme rassasiée, certes, mais en manque de sommeil dans un vrai lit, aussi. J'aborde donc un policier avec le secret espoir qu'il parle deux mots d'anglais. Il n'en est rien, mais grâce à mon don pour le mime et surtout la bonne idée que j'ai eue d'embarquer avec moi une boîte d'allumettes de l'hôtel (je ne fume pas, ne me demandez pas pourquoi j'ai fait ça, réflexe de la fille qui embarque les petits savons, les gels douche et, donc, les allumettes dans les hôtels parce que, bon, hein, j'ai payé quoi !), il semble comprendre notre désarroi et surtout notre demande.

À grand renfort de gestes, il parvient à nous indiquer de revenir sur nos pas. Nous nous remettons en marche, mais, un instant plus tard, j'entends du bruit derrière nous sur le trottoir. C'est notre policier sur son scooter qui nous a rattrapés et qui klaxonne. De nouveau à grand renfort de gestes, nous finissons par comprendre qu'il propose de nous ramener à l'hôtel, ce qui est vraiment charmant, sauf qu'il semble oublier un détail qui a son importance : nous sommes deux et mon compagnon d'infortune est comme qui dirait tout sauf un poids plume ! (Vous voyez un pilier des All Blacks ? Ben voilà, vous avez l'image.) Nan mais il est sérieux ? Il veut vraiment qu'on monte à trois sur son scooter ?

Après quelques secondes d'hésitation, on se dit qu'on ne risque rien puisque la proposition vient d'un policier et que, finalement, trois sur un scooter, ici, c'est presque petit joueur. Nous voilà donc partis à fond les ballons sur la route, priant que personne ne grille une priorité parce que nous n'avons de casque ni l'un ni l'autre, cela va sans dire. C'est marrant d'ailleurs comme on devient croyant dans ces moments-là… J'ai invoqué la protection de tous les dieux que je connaissais même ceux de la Grèce antique, dans le doute. Mais cinq minutes plus tard (et dix points en moins sur notre permis si la scène s'était déroulée en France), il nous dépose devant notre hôtel, entiers et prêts à aller nous coucher. J'ai juste regretté un truc : l'absence de minibar dans la chambre. Parce que j'aurais bien eu besoin d'une vodka pour tuer les bactéries avalées pendant notre dîner et me remettre de mes émotions !

Bollywood made in Égypte

Je ne sais pas si vous le savez, mais bon nombre de coureurs d'ultra parlent de leurs hallucinations comme ils comparent leurs tendinites ou leurs ongles d'orteils noirs. Cela semble presque devenu un incontournable… Si t'as pas d'hallu, t'as tout perdu ! On met évidemment ces phénomènes sur le compte de l'extrême fatigue physique et mentale que ce type d'efforts engendre. Un jour j'ai entendu de la bouche d'un coureur qui avait d'ailleurs gagné la course ce jour-là :

— C'est quand j'ai vu la soucoupe volante au-dessus de moi que j'ai compris que je n'étais pas en train de faire mes courses dans un supermarché…

Je me suis toujours dit que si un jour cela m'arrivait, j'arrêterais immédiatement la course. Je ne cherche pas à me mettre dans des états délirants, ce n'est pas ma came, comme je ne cherche pas à repousser mes limites dans l'acceptation de la douleur. Je trouve que la vie quotidienne est parfois suffisamment pourvoyeuse de moments difficiles pour ne pas s'en rajouter dans son sport loisir. Pourtant un jour, j'ai failli basculer et pendant quelques minutes, j'ai cru qu'on m'avait, moi aussi, totalement perdue.

J'étais en Égypte dans le magistral désert blanc sur une étape longue au cours de laquelle il fallait parcourir 86 kilomètres d'une seule traite. Bien que la course se termine en réalité le jour suivant aux pieds du Sphinx, je savais que cette ligne d'arrivée serait la dernière car l'organisation, consciente que tout le monde préférerait déclencher son appareil photo que son chrono le lendemain, avait organisé le classement avant l'étape finale. Les 250 kilomètres de cette course en étapes un peu particulière devaient donc être parcourus en 5 jours et non en 6, comme d'habitude. Inutile de vous préciser que mathématiquement parlant, ça n'est pas du tout la même chose et nous étions pour beaucoup déjà épuisés au moment d'attaquer cette dernière longue journée. Surtout que je m'étais rajouté une difficulté. Puisque le podium était inaccessible pour une amatrice comme moi – il faut parfois savoir s'incliner face aux professionnelles –, j'avais décidé de rester quatrième coûte que coûte.

J'étais cette nuit-là avec Alper, un coureur turc avec lequel mes échanges se réduisaient au minimum syndical – la barrière de la langue est souvent une réalité et, franchement, là, j'étais trop épuisée pour mimer quoi que ce soit ! La nuit était tombée dans le désert, il ne faisait pas vraiment froid, nous avancions l'un à côté de l'autre sans parler, chaque mètre parcouru était un mètre gagné. Tout d'un coup, j'ai distingué une lumière au loin… J'étais tellement obsédée par le fait d'arriver le plus tôt possible au camp que, pendant quelques minutes, j'ai cru que c'était lui que je voyais, avant de m'apercevoir que c'était simplement le dernier ravitaillement qui allait nous permettre de recharger nos gourdes en eau (sûrement pas très fraîche) pour les quelques kilomètres qui restaient à parcourir. Quelque chose m'échappait quand même un peu : pourquoi était-il tellement éclairé ? C'était un vrai phare, alors que d'habitude, l'organisation se contentait de peu de lumière pour économiser le groupe électrogène.

Plus je me rapprochais, plus je voyais clignoter des petits points de couleurs chatoyantes un peu partout, comme des guirlandes de Noël. La forme de la tente me faisait penser à un temple indien éclairé comme pour un film de Bollywood… OK, c'est bon, je délirais ! Ne parlant pas le turc, je n'osai pas demander à Alper si lui aussi voyait les petites lumières multicolores partout. Et comme il avait l'air de trouver la situation totalement normale, je finis par me dire que ça y était, je vivais ma première hallucination. Pendant quelques minutes, je me posai la question d'arrêter ou non. J'étais à quelques kilomètres à peine de la ligne d'arrivée, je n'étais pas blessée, j'avais juste le sentiment que mon esprit divaguait, or, je m'étais promis de ne jamais aller au-delà de mes limites mentales.

Et puis zut à la fin, cela faisait plusieurs jours que je luttais pour ma foutue quatrième place ! Je n'étais pas seule, Alper était bien là lui aussi et ne semblait pas décidé à me lâcher. Si je me mettais à courir nue sous la lune en hurlant et en implorant le dieu Krishna, au pire il saurait m'arrêter. Nous repartîmes donc pour les dix derniers kilomètres qui nous séparaient du camp. Je savais qu'il me restait deux heures tout au plus à délirer, ça devrait le faire. Quand enfin nous arrivâmes, j'étais totalement épuisée. Rarement j'avais repoussé mes limites physiques et mentales aussi loin. Fabrice, un ami qui avait dû abandonner, était là à nous attendre et c'est lui qui me porta littéralement sous la tente où je me retrouvai en position fœtale à trembler de douleur. Pour la première fois de ma vie, j'acceptai une forte dose de médicaments pour tenter de dormir un peu. Demain serait un autre jour…

Au petit matin j'allais mieux. Enfin mieux, tout est relatif ! Je me souviens encore du moment où ma vessie m'a rappelée à l'ordre, m'obligeant à m'extraire de mon duvet, et des longues minutes que j'ai passées à évaluer la distance qui me séparait des toilettes installées au fond du camp qui me semblait tellement immense à parcourir. Je me rappelle que j'ai vraiment envisagé de faire pipi là, juste devant la tente, et que sans la présence de coureurs déjà réveillés autour du feu, je serais passée à l'acte sans hésiter une seule seconde. Et puis la vie reprend le dessus et vous vous retrouvez à boire tranquillement votre thé en regardant les autres se réveiller à leur tour.

Fabrice me rejoint auprès du feu et me demande :

— Alors elle t'a plu ma surprise ?

— Comment ça ? Quelle surprise ?

— Ben tu sais, le dernier CP[1] tout éclairé ! Ça nous a bien occupés, parce que bon… il n'y a pas la télé.

Fabrice avait passé plusieurs heures comme bénévole au point de ravitaillement et, histoire de passer le temps, il avait utilisé le stock de bâtons lumineux pour refaire la déco. Ce que j'avais donc pris pour une hallucination n'était finalement que la simple réalité. Je n'ai, à ce jour, toujours pas rencontré de marmottes qui chantaient sur le bord du chemin ni de zombies qui sautaient d'arbre en arbre… Mais, promis, si ça m'arrive, je range mes runnings à jamais !

1. Check-point.

Ça farte à Barcelone !

Eh non, ce n'est pas parce que je cours que je suis devenue une sportive aguerrie à qui rien ne fait peur. C'est marrant ça d'ailleurs, il suffit que tu finisses un jour une course un peu dingue pour que tout le monde s'imagine que tu t'es transformée en Mike Horn. Je me retrouve avec des questions totalement incongrues du style : « Mais toi qui cours partout, tu as dû traverser la Manche à la nage, non ? » Ou : « Et le Kilimandjaro, tu l'as fait, c'est sympa ? » Mais pourquoi voulez-vous que je me sois métamorphosée en nageuse ou en alpiniste du jour au lendemain ?

C'est un peu la question que j'aurais dû me poser avant d'accepter la proposition que me faisait une célèbre marque de GPS dans le cadre du triathlon de Barcelone. Lorsqu'on m'a appelée, je n'ai pensé que soleil, tapas et sangria à volonté… J'avais déjà assisté à plusieurs Ironman (la version XXL du triathlon) précédemment, auxquels personne ne m'avait bien entendu demandé de participer. Je me voyais donc déjà en pom-pom girl sur la plage, matant les triathlètes se débarrassant de leur combinaison, abdos saillants et luisants, lunettes de piscine claquant au vent. C'est au moment où j'ai reçu un coup de fil, quelques jours avant l'événement, que j'ai compris que je n'avais rien compris justement.

— Cécile, tu prends quoi comme taille de combi ?

— Pourquoi, on va plonger à Barcelone ? Il y a des fonds marins qui valent la peine ? Le truc, c'est que je ne sais pas me servir d'un masque et d'un tuba et je n'ai jamais plongé avec bouteille, moi.

— Euh, non Cécile, tu es inscrite au triathlon comme tous les autres, c'est de ta combinaison « trifonction » dont je parle.

— Comment ça je suis inscrite ? Mais ça va pas la tête, ou quoi ?! Je ne sais nager que la brasse comme une mémé à bonnet de bain fleuri, et, pour moi, le vélo ça se pratique à l'île de Ré avec un joli panier. Comment voulez-vous que je finisse un triathlon ?

— Mais si, tu vas voir, c'est très sympa et grand public, tout va bien se passer !

Je ne sais pas si, après coup, on peut dire que tout s'est bien passé, mais, croyez-moi sur parole, j'ai rarement autant rigolé !

Déjà, la fameuse combinaison… Elle m'attendait fièrement sur le lit quand je suis arrivée et j'ai cru à une blague. Euh, les enfants, je ne suis pas mineure, je ne rentrerai jamais mes fesses et mes seins dans du 8 ans, même en forçant. Et pourtant, par un miracle que je ne m'explique toujours pas, j'ai réussi à l'enfiler tout en continuant à pouvoir respirer.

Mais la blague était loin d'être finie puisque s'est vite posé le problème du vélo. J'avais bien précisé que je voulais un vélo de ville, même un Vélib' ferait l'affaire. Mais pour nous faire plaisir, on avait fait venir des vélos de course en carbone, de vrais Ferrari à deux roues qui faisaient briller les yeux de mes petits camarades et pleurer les miens. Je sais que ça partait d'une très bonne intention, mais sérieusement, là, il allait falloir arrêter les bêtises… J'allais me tuer, moi, avec leurs pédales « clac-clac » ! Les mécanos ont enfin compris que je ne plaisantais pas quand j'ai débarqué, totalement affolée, devant leur camion. Ils ont filé chercher des pédales classiques, tout en faisant rapido un crochet par la Sagrada Familia pour allumer un maximum de cierges et prier le bon Dieu que je leur rende leur vélo en un seul morceau. Vous connaissez le prix d'un cadre en carbone ? Eh bien pensez à un chiffre et multipliez-le par dix ! Je ne savais même pas qu'il existait des vélos aussi chers… Pour moi, les seuls deux-roues qui valaient ce prix-là avaient un moteur rugissant et nécessitaient qu'on passe le permis pour avoir le droit de les chevaucher !

Le jour J, je me retrouve sur la plage, entourée de personnes en combinaison, sautillantes, énervées, prêtes à plonger tête baissée dans ce que, dans le jargon, on appelle « la lessiveuse ». Ça vous donne une idée de l'enfer que c'est… Les gens se marchent, enfin se nagent les uns sur les autres, ça se castagne, ça casse même parfois des nez. Inutile de vous préciser que j'ai attendu bien sagement sur la plage que tout le monde ait fini de se sauter dessus pour enfin me décider à y aller, tranquillement mais sûrement. Et c'est en brasse que j'ai commencé à nager devant le regard totalement consterné du kayakiste en charge de la sécurité. Le plus dingue dans l'histoire c'est que finalement je ne suis pas sortie de l'eau la dernière ! Certains de mes petits camarades ont fini par faire la planche, épuisés d'avoir voulu jouer les Florent Manaudou d'opérette.

À peine hors de la flotte, me voilà sur mon superbe destrier, prête à fendre la bise ! Oh ça va, je rigole… Je pédale tranquillement, passant en boucle dans ma tête le message du mécano qui, me confiant son bébé, m'a juste dit : « Vous savez, le cadre coûte vraiment très très cher. » Comme si je n'étais déjà pas assez paniquée ! Alors que je pédale en mode « île de Ré », un concurrent se met à mon niveau, regarde mon vélo, me regarde, regarde encore mon vélo et me demande :

— Mais pourquoi vous avez un vélo pareil ?

Tout ça en espagnol, cela va sans dire. Heureusement, c'était ma deuxième langue au collège, j'essaye donc de lui expliquer tant bien que mal que, bien entendu, ce vélo n'est pas le mien. Il me répond de façon presque agressive :

— Mais vous n'entendez pas le bruit, là ?

— Ah, ce n'est pas normal ce petit bruit de moteur ?

Le type me fait alors comprendre à coups de signes que je ne suis pas à la bonne vitesse, pas sur le bon plateau (je fais genre je sais ce qu'est un plateau mais aujourd'hui encore, j'ignore ce que cela veut dire), et m'explique quoi faire. En deux secondes mon vélo devient silencieux et d'un seul coup de pédale, je passe telle une fusée !

Retour au parc à vélos – où je crois apercevoir une larme dans les yeux du mécano, tant il est heureux de revoir son précieux en un seul morceau – et je repars pour la course à pied, sport que là enfin je maîtrise un peu. Dans ma tête, puisque la natation et le vélo m'avaient semblé laborieux, j'envisageais de courir tranquille, pour profiter au maximum de la vue sur la mer, du soleil et de l'ambiance. C'était compter sans un dénommé Juan, participant comme moi, et son esprit de compétition mal placé. Il me double et moi, sans réellement y penser, je reprends naturellement ma place devant lui. Et là, je comprends en le voyant me redoubler, énervé, que je suis devenue pour lui la femme à abattre. OK. Tu veux jouer à ça, Juan ? Eh bien tu vas voir ce que tu vas voir ! J'accélère, il fait de même, et, très vite, nous nous retrouvons côte à côte, bien décidés à ne rien lâcher. Jamais je n'ai couru aussi longtemps et aussi vite de ma vie, tout ça pour ne pas m'incliner devant un type qui doit être vétéran en plus. Autant dire qu'il n'y a là rien de glorieux.

J'ai finalement passé la ligne d'arrivée une fraction de seconde avant lui et je reste persuadée qu'il l'a fait exprès. Compétiteur certes mais galant avant tout, il en faut bien de temps en temps.

Quand le chat n'est pas là, les souris dansent...

Qui n'a pas rêvé de l'Australie ? J'avoue, dans mon cas, mon intérêt pour ce pays lointain n'est pas né avec les aventures de Crocodile Dundee mais avec *Les oiseaux se cachent pour mourir*, série que les plus de 40 ans connaissent forcément et qui a fait les belles soirées de mon pensionnat de jeunes filles bien sous tous rapports. Imaginez un peu, nous étions toutes tellement accros à l'histoire d'amour torride entre le père Ralph de Bricassart et Meggie que nous avions même réussi à obtenir des bonnes sœurs l'autorisation de regarder les épisodes à la télévision du réfectoire un jour de semaine. Enfin, pas tous, pas tout à fait... Inutile de vous préciser que celui où ils consomment enfin leur passion interdite sur une plage australienne, je ne l'ai vu que des années plus tard lors d'une rediffusion ! Fallait pas trop pousser sœur Simone quand même.

Mais revenons-en à l'Australie et à une course, l'Outback, à laquelle j'ai eu la folie de vouloir participer. 560 kilomètres en 10 jours à travers le bush pour une arrivée triomphale devant le fameux rocher d'Uluru. Sur le papier, j'en rêvais. La réalité fut un peu plus violente et nettement moins romantique que la vie idéalisée du père Ralph. Un truc que je n'avais pas prévu, c'est le froid glacial des nuits. On trouve souvent du givre le matin sur nos sacs à dos et nos chaussures restés à l'extérieur des tentes. Je bénis le ciel d'avoir eu la bonne idée d'acheter au dernier moment un sac de couchage supplémentaire fait dans une matière proche du mérinos qui m'empêchera de mourir congelée la nuit. La cryothérapie, c'est bien gentil mais uniquement quand je l'ai choisie et surtout jamais plus de trois minutes !

Parmi les effets secondaires que je n'avais pas prévus, il y en a un qui risque d'effrayer bon nombre d'entre vous : qui dit grand froid la nuit, dit souris. Et quand je dis souris, ce n'est pas une, mais des dizaines de ces charmants petits rongeurs qui mettent le nez dehors pour tenter de trouver à manger. On se serait cru dans *Cendrillon*, même si là elles n'avaient pas la moindre intention de me coudre la robe de mes rêves, mais plutôt de s'attaquer directement à mes réserves. Si j'avais le malheur de faire tomber une cacahuète ou une noix de cajou, elles arrivaient telle une nuée pour se battre, car chacune essayait d'être la première à l'attraper. Vous connaissez l'expression « tapis de souris » ? Eh bien moi, je l'ai vécue au sens propre du terme !

Le soir il fallait, avant de se coucher, secouer les duvets et parfois même la tente pour espérer dormir sans être réveillés par les rongeurs. Nous avons très vite accroché nos précieux sacs à dos dans les arbres parce qu'elles s'y attaquaient la nuit, commençant par la toile avant de foncer tête baissée et dents acérées sur nos plats lyophilisés. Pas une nuit où je n'ai rêvé de m'en faire des brochettes ! Je peux vous dire qu'en moins d'une semaine à ce rythme, je convertis la plus extrémiste des véganes en carnivore déchaînée qui n'a plus qu'une phrase à la bouche :

— Vas-y, mange. Ça a le goût de poulet !

Pourtant je n'avais encore rien vu et aujourd'hui, je peux le dire : les souris ne savent peut-être pas coudre des robes mais elles savent faire du toboggan !

Une nuit, alors que, comme d'habitude, je ne trouvais pas le sommeil à cause du froid, de la douleur et de plein de choses qui n'avaient probablement aucun lien avec la course elle-même, j'entends comme souvent du bruit à l'extérieur de la tente. On n'y pense pas forcément mais si une souris seule peut rester discrète, un vrai troupeau devient carrément bruyant. Je comprends que ça s'agite autour de notre tente et finis par apercevoir un membre de la team rongeurs partir à l'assaut de notre domicile. Alors qu'elle arrive enfin au sommet, elle fait un tour sur elle-même et redescend comme sur un toboggan… Sur le moment je me dis qu'elle a tout simplement glissé et que tout ça n'est qu'un accident, jusqu'à ce que j'observe plusieurs de ses copines faire la même chose : elles escaladent la tente, se retournent et zou, glissent tout en bas pour immédiatement repartir à l'assaut. Nan, mais elles sont sérieuses, là ? C'est limite si je ne les entends pas crier « youpi » en s'élançant ! Elles ont fait ça pendant une bonne heure et, épuisées sûrement, elles ont fini par rentrer se coucher. Depuis ce jour je ne regarde plus un film de Disney sans penser à cette nuit de folie !

RENCONTRES DE PAR LE MONDE

J'ai parcouru le monde entier ou presque, en solo, baskets aux pieds et sac sur le dos. Pourtant, je n'ai jamais vraiment été seule puisque j'ai ainsi fait la connaissance de personnes inoubliables qui, le temps d'une course, m'ont apporté un peu de leur culture, de leur histoire et de leur amitié. Et si la barrière de la langue est parfois difficile à franchir, le langage de l'ultra, lui, est capable d'unir des gens de tous horizons pour une journée, une nuit ou l'éternité…

ALPER : DU SABLE ET DU PARMESAN

Égypte, fin 2012. Nous ne le savons pas encore, mais nous serons presque les derniers à pouvoir courir en toute liberté dans ce désert blanc unique au monde. Sur cette course, étape après étape, je me pique de vouloir à tout prix être la première de ma catégorie. C'est totalement ridicule puisque cela sous-entend également que je vais être quatrième au classement général mais voilà, on a les ambitions que l'on peut ! Pour atteindre mon objectif, j'ai dû me battre (au sens littéraire du terme bien entendu) pendant une vingtaine de kilomètres avec une jeune militaire égyptienne qui voyait d'un mauvais œil qu'une mère de famille quarantenaire lui tienne tête. Jour après jour, je m'épuise à conserver ma place, je le sais, je le sens, mais je ne veux rien lâcher et je ne lâcherai rien. Le troisième jour, j'ai gagné, contre l'Égyptienne qui a fini par lâcher l'affaire. Une de moins… Reste la coureuse chinoise.

Et reste aussi surtout l'étape longue avec toutes les inquiétudes qu'elle engendre : 86 kilomètres à parcourir d'une traite dans le désert, avec un passage surréaliste au milieu de squelettes de baleines et autres animaux marins géants laissés là par une mer qui a disparu elle aussi. La chaleur est accablante, il faut à la fois s'économiser tout en gardant sa place. À chaque ravitaillement je veille à ne pas perdre trop de temps pour ne pas être rattrapée par mes poursuivantes et surtout pour grignoter mètre après mètre le terrain entre ma principale concurrente et moi. Je suis une sorte de Pacman des sables. Elle vient peut-être du pays de la Grande Muraille, mais moi je viens de celui de Vauban et question murs, il s'y connaissait aussi !

CP4[1], je tombe sur Alper, un coureur turc rencontré quelques mois auparavant dans le désert d'Atacama. Il parle très peu anglais, ce qui m'arrange finalement, ça m'évitera de perdre de l'énergie en papotage et, comble de bonheur pour moi, il a même en permanence des écouteurs. Il me propose de repartir avec moi, en me promettant le Saint-Graal, une arrivée au camp à 22 h 30. Je ne vois pas comment je peux réussir cet exploit mais je me contente d'un « Tope là ! » et je me mets dans ses pas silencieux mais diablement efficaces.

À la vue du CP5, je l'entends me dire :

— Hum, j'ai envie de pâtes bolognaises avec du parmesan dessus !

— Oui, ben moi j'ai envie d'un Big Mac et de frites mais là, tu vois, il n'y a pas de Drive à l'horizon !

Nous nous installons pour nous ravitailler à l'ombre d'un auvent et là, à ma grande surprise, je le vois sortir de son sac à dos un Tupperware rempli desdites pâtes bolognaises (qu'il avait judicieusement mises à

1. CP pour « check-point », point de contrôle où l'on récupère notre eau pour la suite.

réhydrater au ravitaillement précédent), un morceau de parmesan et un couteau. Tranquillement, il fait de jolis copeaux de fromage sur ses spaghettis qui ne sont même pas froids, tant la température ambiante tient plus du four à micro-ondes que du climatiseur. J'hallucine, cet homme me plaît ! Il n'est plus question de le lâcher jusqu'au camp : on ne peut pas se parler mais on se comprend tout à fait.

Nous repartons. La nuit tombe et les seuls mots qu'il prononcera sur ce grand plateau désertique sur lequel nous traçons notre route seront : « Un scorpion, fais attention. »

Tout d'un coup, je le vois retirer ses écouteurs : il n'a plus de batterie et je n'ai pas de chargeur pour le dépanner. Qu'à cela ne tienne, j'enlève également les miens (qui ont l'avantage d'être de bons vieux écouteurs filaires), les installe sur mes bidons pour en faire des caisses de résonance et mets le son à fond. David Guetta l'ignore totalement, mais cette nuit-là, il a mis le feu au désert blanc !

Kilomètre après kilomètre, nous avançons, pas aussi vite que je le voudrais mais suffisamment pour que la lampe frontale de la coureuse chinoise s'éloigne irrémédiablement derrière nous. Elle a compris qu'elle allait perdre la partie ce soir parce que, moi, je ne lâcherai rien. Alper sait ce que je veux et il fait tout pour m'aider à l'obtenir, repoussant lui aussi ses limites. J'ai les jambes en feu, les pieds dévastés mais je refuse de les écouter. Lorsque l'on dit qu'on peut avancer uniquement au mental, je l'ai vécu, je sais que c'est vrai. Soudain, alors que je suis dans ma bulle pour me préserver de la douleur, Alper se met à crier :

— Le camp !

Je vois bien, au loin, deux petites lumières, mais pour le moment, mon cerveau refuse d'assimiler l'information.

— Tu es sûr ?

— Oui, je suis sûr !

— OK, alors je te suis Alper, je te fais confiance.

Nous nous mettons alors à courir comme si notre vie en dépendait et, après quelques minutes, je réalise qu'il a raison et que je vais réussir mon pari grâce à lui. La ligne d'arrivée est bien là et il est 22 h 30 comme il me l'avait promis. Je m'écroule, je ne peux même plus marcher. Il faudra me porter sous ma tente où, à bout de forces et percluse de douleurs, j'attendrai de trouver enfin le sommeil.

J'ai passé en tout et pour tout une dizaine d'heures avec Alper dans le désert où nous n'avons pas dû échanger plus de quatre phrases. Pourtant, grâce à lui et à sa présence rassurante à mes côtés, ce moment est l'un des plus forts que j'ai vécus grâce à mon sport.

Jacob, mon Viking de poche

Quand j'ai rencontré Jacob, Danois de son état, en Australie, il avait déjà sa petite réputation dans notre milieu. C'est le genre d'homme qui s'entraîne au Cross-Fit (comprenez qu'il traîne sur des kilomètres des pneus de camion qui font son poids), qui a plusieurs déserts à son actif, et qui porte une Rolex au poignet alors que nous sommes tous là avec nos montres GPS parce qu'il trouve la sienne beaucoup trop belle pour ne pas la mettre tout le temps. Un original, je vous dis !

Pourtant notre histoire a mal commencé. À notre arrivée en Australie, nous apprenons tous les deux que nos bagages ne nous ont pas suivis, ce qui, pour une course en autonomie, pose un sérieux problème. Pas de duvet, pas de nourriture : nous risquons de devoir tout racheter sur place et si lui a clairement les moyens, ce n'est pas du tout mon cas, et je tombe des nues lorsque je découvre les prix exorbitants pratiqués dans ce pays qu'on imagine, à tort, remplis de babas cool en Combi Volkswagen avec leur surf sous le bras, vivant avec trois fois rien… Nous avons tellement froid au cours de la première nuit, qu'au matin il nous apparaît comme une évidence que non seulement nous allons devoir nous équiper chaudement, mais surtout qu'il faut à tout prix que nous récupérions nos précieux sacs de couchage. Alors que nous nous rendons encore une fois à l'aéroport pour prendre des nouvelles de nos valises, je perds mes moyens. Je ne supporte plus d'entendre cette femme derrière son écran qui me répète qu'elle ne trouve rien sur son *computer*. Je fais un véritable « scandale à la française » et crie tellement fort que sa responsable sort enfin de son bureau et prend les choses en main. En deux minutes, tout est réglé, nos valises sont localisées : elles seront sur le tapis dans trois heures, juste le temps pour nous de faire nos derniers achats en ville. En complément de mon duvet miraculeusement retrouvé, j'achète à prix d'or une sorte de sac de soie doublé d'un tissu chaud et épais qui me sauvera la vie.

Je ne sais pas si c'est le fait de m'avoir vue dans tous mes états, mais de retour au camp, Jacob me dit de façon très directive :

— On change les tentes, maintenant tu dors avec moi.

Et figurez-vous que contre toute attente, j'accepte ! Nous quittons donc nos acolytes coréens respectifs pour nous installer ensemble, ce qui sera de toute façon plus simple pour tout le monde puisqu'ils ne parlent presque pas un mot d'anglais et que notre folle épopée commence le soir même. J'avoue que pendant quelques minutes je me demande ce qui m'a pris d'accepter, mais sans que je sache pourquoi, Jacob m'inspire confiance.

Je ne regretterai pas d'avoir écouté mon instinct. Déjà parce que cet homme ne ronfle pas du tout, et rien que ça sur ce type de course, ça vaut réellement son pesant de Rolex ! Mieux encore, il ne bouge absolument pas. Il s'installe le soir dans son « duvet-chrysalide », sur le dos, son bonnet enfoncé sur les yeux et il dort comme ça, sans remuer une oreille. Tous les soirs j'espère qu'au petit matin un beau et gentil papillon apparaîtra en lieu et place de ma chenille danoise, mais ça n'arrive jamais. Pour être honnête, si au début cet immobilisme absolu m'amuse, j'avoue qu'une nuit ou deux, j'en viens quand même à vérifier qu'il est toujours en vie !

Tous les matins, il me réveille en criant :

— Cécile, mon cappuccino, *now* !

Et tous les matins, je lui réponds en criant :

— Va me chercher des croissants d'abord !

Je lui apprends l'argot français et des mots d'une vulgarité que je ne retranscrirai pas ici, ma mère risquant peut-être de lire ce livre un jour. Je l'appelle « *my little Viking* » et lui me surnomme sa « petite princesse », sûrement parce que je suis blonde comme ses trois filles.

Tous les soirs, j'arrive après lui dans la tente, et tous les soirs je râle parce que s'il est capable de dormir sans bouger, il a aussi la capacité de mettre un bordel inouï dans un endroit minuscule.

Il parvient systématiquement à me faire rire, alors que j'ai pourtant dû abandonner la course à cause de mes pieds dévastés et infectés. Après quelques jours de repos, il m'encourage même à repartir pour ne pas rester sur un échec. Ce jour-là, après avoir bouclé son étape, il revient me chercher sur le chemin pour vérifier que je vais bien et m'accompagner.

Tout au long du trail, il a pris soin de moi, sans en rajouter, sans chercher à être remercié. C'est toujours compliqué de se quitter et de retourner à son quotidien lorsqu'on a vécu des moments aussi forts et aussi intenses avec de complets inconnus à l'autre bout du monde. Je dis souvent qu'on ne peut pas tricher plus de trois jours dans le désert, et qu'au-delà, sa vraie personnalité ressort forcément : on ne peut plus faire semblant lorsqu'on est épuisé et affamé. Jacob est peut-être un petit Viking mais il s'est révélé être un grand homme que je compte aujourd'hui parmi mes amis.

Youssef, mon Lawrence d'Arabie

Revenons sur mon épopée australienne (n'ayons pas peur des mots !), qui a été à l'origine d'une autre rencontre incroyable, sans doute parce que le projet d'aller courir 560 kilomètres dans le bush attire forcément des originaux. Non, je n'ai pas dit des barjots, même si je le pense très fort ! Mais disons qu'on pourrait ranger Youssef dans la catégorie des personnages de films…

Difficile de ne pas penser à *Lawrence d'Arabie* lorsque je vois ce Koweïtien débarquer. Il est grand, moustachu et a les traits creusés par le désert où il s'entraîne. Il y a du Omar Sharif en lui à n'en pas douter. Il n'est pas très bavard et il va falloir une étape très particulière pour que nous fassions enfin vraiment connaissance.

Comme je l'ai évoqué précédemment, j'ai dû abandonner le trail au bout de trois jours de course seulement pour cause de pieds en charpie, d'un début d'infection et surtout d'un moral en carton… J'ai donc rendu mon dossard pour le regretter immédiatement et je tue maintenant le temps en débalisant le parcours avec un des bénévoles. Youssef est blessé lui aussi mais n'abandonne pas. Nous le suivons sur des kilomètres qu'il parcourt sans faillir un seul instant. Je suis admirative de cet homme qui semble avoir en lui la force qui fait la spécificité des coureurs d'ultra. Et il en faut pour surmonter les douleurs, la chaleur, la faim, tout ce qui fait notre quotidien sur ces courses-là.

Après deux jours de repos à panser mes plaies physiques et morales, je décide de repartir, l'étape prévue ayant été raccourcie à la demande générale des participants, une première pour moi, tant les organismes sont mis à rude épreuve. La course me semble accessible et j'ai envie de me sentir à nouveau vivante. C'est là que très vite mes pas vont se mettre dans ceux de Youssef. Nous nous retrouvons tous les deux seuls au milieu de nulle part, sur ce sable rouge épuisant autant qu'il est salissant, sous ce soleil de plomb et nous nous mettons à discuter. Il est issu d'une famille riche dont il est un peu le vilain petit canard… Il refuse de se ranger, de se marier ou même de rentrer de façon concrète dans la gestion de la fortune familiale. Il veut continuer à faire un sport extrême que son entourage ne comprend pas.

Je lui raconte ma vie, celle d'une mère de famille qui, un jour, a été prise d'un coup de folie et a décidé sans crier gare de se lancer dans des courses extrêmes à l'autre bout du monde. Dire que nous sommes sur la même longueur d'onde ne serait pas tout à fait vrai, mais nos échanges sont passionnés et passionnants. Nous en arrivons à parler histoire, politique et il me raconte la guerre, sa guerre, que je n'ai connue qu'à travers la télé et les chaînes d'info en continu. Pour moi cela tient presque du film de science-fiction alors que lui a vécu le bruit, le fracas des bombes, la peur des enfants. Nous venons de deux univers tellement différents !

Quand nous arrivons en vue du camp, je sens que Youssef commence à s'éloigner, comme si le fait que nous retrouvions un début de civilisation nous ramenait à notre réalité. Il me dit alors :

— Tu sais Cécile, si nous nous étions rencontrés ailleurs, dans mon pays ou dans le tien, jamais je n'aurais pu te parler comme je viens de le faire : tu es une femme.

C'est là que j'ai réalisé à quel point les courses permettaient aux sportifs de vivre des moments uniques, comme celui que nous venions de partager malgré le fossé qui nous séparait.

Faire sa Brinouille

S'il y a une personne qu'il va être difficile pour moi d'évoquer, c'est elle, ma Brinouille ou Sabrina de son vrai prénom, parce qu'elle ne pourra pas lire ces mots, parce qu'elle a fait le choix incompréhensible pour bon nombre de ses amis et pour sa famille de disparaître. Elle n'est plus à mes côtés physiquement, mais régulièrement son esprit de compétitrice vient se poser sur mon épaule pour me titiller un peu.

J'ai rencontré Sabrina presque dès le début. Quand on se met à courir et qu'on est un peu perdu, on se retrouve très vite à passer du temps sur Internet pour essayer d'y dénicher des informations et des conseils. Il faut se remettre dans le contexte qui semble étrange aujourd'hui, mais quand j'ai commencé à courir, Facebook en était à ses balbutiements. Il y avait aussi quelques sites communautaires très moches sur lesquels des forums agitaient les esprits. C'est là que j'ai fait la connaissance d'un petit groupe de runners parisiens qui sont devenus virtuellement mes amis avant que je les rencontre en vrai. Sabrina était de ceux-là.

Nous avons couru ensemble pour la première fois lors de La Parisienne qui a suivi mon congé maternité pour mon quatrième enfant. Nous étions tout un groupe de filles à nous être donné rendez-vous pour ce qui allait être ma course de reprise après la naissance de mon petit dernier. J'ai en tête une course pépère (ou plutôt mémère, étant donné le public), mais Sabrina va en décider autrement.

Alors que nous nous rendons sur la ligne de départ, elle m'attrape par la main et me dit :

— Aujourd'hui tu arrêtes de la jouer amatrice et tu t'accroches, on va aller titiller le chrono !

— Comment ça ? Tu veux dire que je vais devoir déclencher le truc qui généralement ne me sert que pour me donner l'heure ?

Je ne me sens pas prête mais je ne pipe mot. Elle m'entraîne devant, tout devant juste derrière les élites. Cette fille est folle ! Mais sa folie étant communicative, à aucun moment je ne lui ai dit non et comme elle me le suggérait, j'ai décidé de tout donner.

J'ai tenu plus de 5 kilomètres – à l'époque La Parisienne faisait 6 petits kilomètres – à suivre comme je le pouvais ma Brinouille. Et lorsque j'ai explosé en plein vol, je n'ai pas lâché pour autant et j'ai tenté de garder le rythme pour passer la ligne d'arrivée fièrement. J'ai battu mon record ce jour-là avec ce qui reste un de mes meilleurs temps, même plus de dix ans après.

Grâce à Sabrina, j'ai découvert que j'avais en moi un esprit de compétition qui avait été étouffé par des années de doutes et de complexes. J'étais cette fille dont je vous ai déjà parlé, tellement mal à l'aise avec son corps qu'elle s'habillait trois fois trop large, mais les encouragements de Sabrina m'ont permis de comprendre que je pouvais aussi être une runneuse, une vraie, fière, qui donne tout pour un chrono. Certes je ne gagne pas toujours face aux autres, mais je gagne contre moi-même et c'est bien là le plus beau cadeau que je puisse me faire, après tout.

Cet épisode est resté gravé dans ma mémoire et dans celle de mes amies, au point de devenir une expression que nous seules, les filles du petit groupe constitué à l'époque, comprenons. « Faire sa Brinouille » veut dire qu'on est allé au-delà, qu'on s'est dépassées, qu'on a tout donné. Nous avons même fait réaliser des T-shirts que nous portons fièrement sur nos courses lorsque nous avons l'intention d'aller chercher notre « RP » comme on dit dans le métier, ou « record personnel » pour les non-initiés. J'espère que là où elle est, Sabrina sait qu'elle restera à jamais une source d'inspiration et de motivation pour beaucoup de femmes qu'elle a un jour croisées dans sa trop courte vie.

Les papys font de la résistance

L'ultra-marathon a ceci de particulier qu'il attire en priorité des « personnes âgées ». Oh ça va, je rigole ! Par « âgées », je veux dire des participants qui pourraient être mon père. Pourquoi ? Déjà parce qu'ils ont les moyens de s'offrir ce genre de petit délire qui coûte quand même souvent un rein pour ne pas dire deux. Leurs enfants sont élevés, leur vie professionnelle est quelquefois terminée, parfois aussi leur femme s'est barrée, voire tout ça en même temps pour certains… Ils sont donc libres comme l'air et peuvent partir dans le désert quand bon leur semble.

C'est à Abu Dhabi que j'ai fait la connaissance de deux d'entre eux que je ne risque pas d'oublier. Nous partions pour la première édition d'un ultra de 100 ou 200 kilomètres au choix, en orientation et en autonomie. Cela sous-entend que le chemin n'est pas balisé mais que l'organisation vous fournit une « trace » à charger sur votre GPS avant le départ et que vous ne trouverez que de l'eau froide (enfin tiède…) ou chaude tous les 20 kilomètres environ. Les organisateurs avaient prévu de grandes tentes de six lits. J'étais avec trois amis rencontrés des années auparavant dans un autre désert, restaient donc deux places que Baudouin et Daniel, deux coureurs qui semblaient déjà bien se connaître, allaient venir occuper.

Très vite, je comprends que ce sont des habitués de ce type de courses un peu « roots » et qu'ils ont traversé le monde entier, avec parfois au compteur des distances qui donnent littéralement le vertige. En une seconde, je les baptise mentalement « mes vieux briscards du désert » et je m'amuse à les observer se préparer. C'est toujours instructif de regarder les gens faire leur sac pour ce type d'expédition. Ça permet de découvrir rapidement leur vraie personnalité. Entre ceux qui connaissent le poids de leur sac au gramme près (sac qu'ils ont d'ailleurs testé maintes et maintes fois pendant leurs semaines d'entraînement) et ceux dont je suis plus proche, qui font leur sac un peu à la louche en jetant tout dedans à la dernière minute, on voit de tout sur les ultras… Eux font plutôt partie de la première catégorie. Baudouin, surtout, qui a dû refaire son sac au moins vingt fois en étalant ses « sous-sacs » sur une bonne partie du sol de la tente. Et Daniel n'est pas beaucoup mieux.

Nous nous quittons sur la ligne de départ et ne nous retrouverons tous les trois réunis que sur la ligne d'arrivée autour d'une bière fraîche. Mais ce verre de l'amitié n'était pourtant pas gagné. Pendant la course, je m'arrête à un ravitaillement pour me poser et surtout manger un peu. Il me reste une bonne vingtaine de kilomètres à parcourir et, dans le désert, ça peut être très long. Alors que je suis en train de ranger mes affaires dans mon sac, j'entends une voix que je reconnais immédiatement à l'extérieur. Baudouin est là et annonce son départ.

Je lance alors naturellement :

— Super, je viens avec toi !

Et là j'entends un tonitruant :

— Ah non, certainement pas ! Moi je pars tout seul, je ne suis pas là pour faire la conversation.

Euh... mais c'est qu'il va se calmer le Franco-Suisse, oui ? Je pars quand même, mais je veille à respecter une distance de sécurité. Nous nous séparons à une balise, il part sur le 200, je file vers le camp pour finir le 100 et c'est à peine s'il me dit bonne route. Est-ce que je lui en ai voulu ? Même pas ! Je l'attendrai gentiment sur la ligne d'arrivée, faisant comme si rien de tout ça ne s'était passé.

Fin du premier acte.

L'année suivante, je recroise mes deux briscards sur la même course... Cette fois les tentes sont pour trois personnes seulement et, à peine arrivée sur le camp, j'entends :

— Ah nous, on dort avec Cécile uniquement !

OK ! Je renoue donc avec mes anciens colocataires et leur bazar. Mais finalement ce qui me pose le plus de problèmes avec eux et qui va vous surprendre, c'est leur absence totale de ronflements la nuit. Je sais, dit comme ça, je vais passer pour une folle mais je vous explique : il se trouve qu'ayant été dotée par mère Nature d'une vessie de taille anormalement petite, je suis quasiment incapable de faire une nuit sans avoir besoin de me lever. Dieu merci, je ne suis pas un homme parce qu'avec l'âge qui avance et les problèmes de prostate, toutes mes nuits de femme du troisième âge se passeraient aux toilettes ! Je dois donc, dans le cas présent, m'extraire le plus discrètement possible de mon duvet pour sortir me soulager sous le ciel étoilé. J'ai évidemment toujours la trouille de réveiller mes voisins, et le fait qu'ils continuent à ronfler doucement est généralement un indicateur plutôt rassurant. Mais là, aucun bruit. Forcément c'est stressant.

Et ça l'est tout autant quand, lorsque je rentre à nouveau dans la tente et que je me prends les pieds dans le tapis, personne ne bouge de son duvet ! Pas même un petit mouvement d'exaspération. Je finis par m'inquiéter… Sont-ils toujours en vie ? Vous m'auriez vue à quatre pattes au-dessus de leurs têtes pour vérifier qu'ils respiraient encore… Un grand moment ! Heureusement que personne n'est entré à ce moment-là, cela aurait été des plus compromettant !

En tout cas, ces deux-là m'ont appris une chose très importante : ne jamais juger qui que ce soit sur son physique ou sur son âge, on risquerait de sous-estimer son adversaire – ou son ami !

ALORS, ON COURT TOUJOURS ?!

Un célèbre coureur, Emil Zatopek, a dit un jour : « Si tu veux courir, cours un kilomètre. Si tu veux changer ta vie, cours un marathon. » Et quoi qu'on en pense, il y a quelque chose de vrai dans tout cela, même si je ne considère pas avoir changé de vie. La course à pied m'a permis de devenir enfin la femme que j'étais au fond de moi et qui se bloquait elle-même, par peur du jugement des autres, par peur d'elle-même aussi, comme c'est souvent le cas. Personne ne m'a jamais dit : « Mais si, tu peux, lance-toi et, au pire, qu'est-ce que tu risques ? » J'étais nulle en sport, c'est une réalité mais on ne m'a jamais encouragée à tenter de changer les choses, on me désignait le banc des remplaçants et je filais m'y asseoir, ravie d'échapper au ridicule. Et je ne jette en aucun cas la pierre au corps enseignant, mon entourage familial n'était pas mieux, je vous rassure !

Ce qui est drôle, c'est que c'est sûrement pour ça qu'un jour je me suis mise à courir. Parce que c'était le truc le plus délirant et improbable que je pouvais faire pour me prouver à moi-même que si je voulais vraiment quelque chose, je pouvais l'obtenir. Courir un marathon me paraissait totalement surréaliste, plus que de sauter en parachute ! Je m'étais d'ailleurs déjà jetée dans le vide avec un bout de tissu au-dessus de la tête et un moniteur accroché dans le dos, mais il me fallait encore plus dingue, et, pour moi, « dingue » c'était courir 42 kilomètres sans m'arrêter… On me demande souvent pourquoi ce défi en particulier et, après douze ans de pratique régulière, je ne sais toujours pas répondre à la question. En réalité je n'ai surtout pas envie de chercher le pourquoi du comment. Pourquoi faudrait-il toujours trouver des explications à tout ?

Quoi qu'il en soit, s'il y a un domaine où ma pratique sportive a bouleversé ma vie – mis à part celui de la taille de mes mollets qui a explosé (quel cauchemar… moi qui avais de jolis mollets de danseuse !) –, c'est bien celui de ma confiance en moi. Alors que j'étais incapable d'aller demander la moindre augmentation, j'ai dû, pour vivre à fond ma passion, aller voir des gens que je ne connaissais pas et qui ne me connaissaient pas non plus et leur proposer : « Dites, vous me donneriez des sous pour que j'aille courir avec les manchots ? Promis je vous rapporte des photos ! » L'entraînement, à côté, ce n'est rien, croyez-moi sur parole. J'ai aussi commencé à voyager. Moi qui n'étais presque jamais sortie de France avant de devenir maman, j'ai beaucoup gagné en assurance : je n'ai plus peur de partir seule dans un pays dont je ne maîtrise absolument pas la langue. Cette estime de moi nouvelle, c'est le running qui me l'a donnée, à n'en pas douter.

Enfin non… Je dirais plutôt qu'il a sûrement révélé quelque chose qui était en moi depuis toujours, mais qui ne voulait pas sortir. Il a fallu des ampoules, des erreurs, des échecs – forcément –, mais aussi des réussites, pour qu'enfin je comprenne que j'avais en moi des ressources que je ne soupçonnais pas. Je me suis enfin autorisé des choses comme aller au sommet du mont Blanc ou prendre ma première leçon de surf à 47 ans alors que j'en rêvais depuis toujours. En aucun cas je ne dis que le running est la solution miracle à tout, mais comment voulez-vous que les autres croient en vous si vous en êtes vous-même incapable ? Tous les rêves, tous les objectifs ne sont pas réalisables immédiatement mais, petit à petit, marche après marche, vous pouvez y arriver, ne perdez jamais ça de vue. Alors, vous attendez quoi pour vous lancer ?

TABLE DES MATIÈRES

Ouvrage composé par
PCA 44400 Rezé

Imprimé en Espagne par
Liberdúplex
à Sant Llorenç d'Hortons (Barcelone)
en septembre 2020

POCKET - 92, avenue de France - 75013 Paris

S30551/01